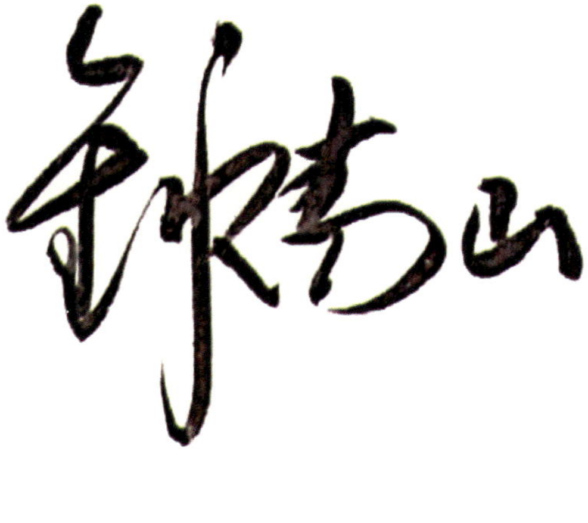

还是钟南山

魏东海◎著

ZHONG NAN SHAN

经济日报出版社

出版前言

17年前，2003年的5月，在非典疫情期间，经济日报出版社与《南风窗》原总编辑秦朔共同策划出版了《勇敢战士：钟南山传奇》一书。

2020年3月，在抗击新冠肺炎疫情的非常时期，为凝聚时代力量，弘扬大医精神，学习南山风格，中共广州市委宣传部、经济日报出版社、知名媒体人秦朔先生与作者魏东海博士联手合作，修订此书，并更名为《还是钟南山》。

谨以此书，纪念全国人民共同抗击疫情的艰难时刻，同时，献给以钟南山院士为代表的为抗疫做出贡献的人们。

2020 年 1 月 21 日，钟南山（左二）出席广东省人民政府新闻办公室举办的新闻发布会并发言。

2020 年 3 月 18 日，钟南山（右三）参加广州市第 46 场疫情防控新闻发布会（广医一院专场），会上，钟南山收到小学生赠送的礼物。

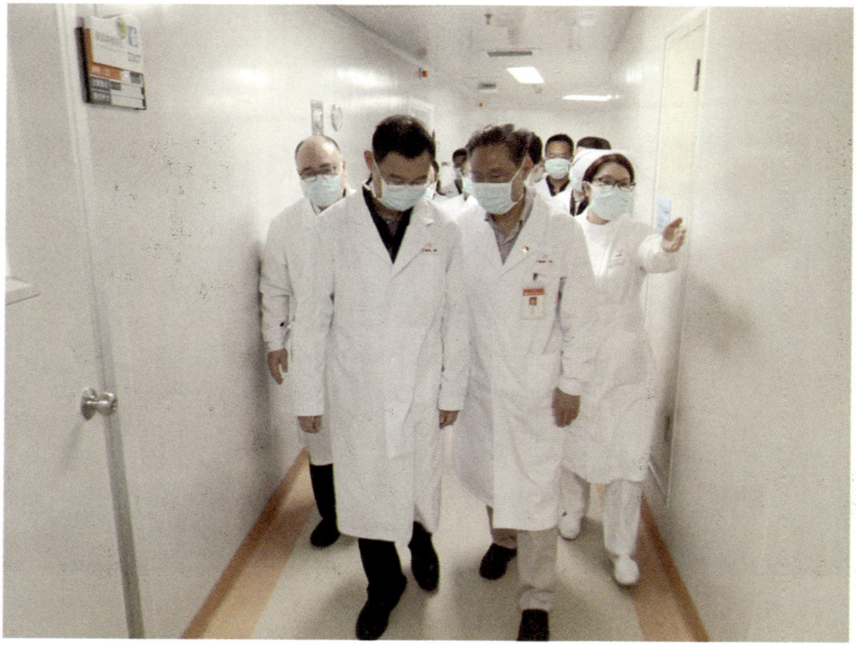

2020 年 1 月 24 日，农历除夕，广州市领导到广州医科大学附属第一医院调研督导，并与钟南山交谈。

◀ 2020 年 1 月 19 日，钟南山（左二）去湖北武汉调研。

▲ 2020 年 1 月 25 日上午，钟南山（右三）和专家们一起讨论、研判疫情发展情况。

► 2020 年 1 月 25 日，大年初一下午，钟南山在办公室内工作。

▼ 2020 年 1 月 25 日，农历大年初一晚上，钟南山（左二）连线上海宋元林教授。

▲ 2020 年 1 月 30 日，钟南山在飞机上处理工作。

▶ 2020 年 2 月 23 日，钟南山（左二）与广州对口湖北荆门医疗队进行远程会诊。

▼ 2020 年 2 月 27 日，钟南山与广州市新闻办负责同志商议新闻通气会细节。

2020 年 3 月 20 日，钟南山参加南山班面试。

1936

1939

1951

1954

1963

1980

1992

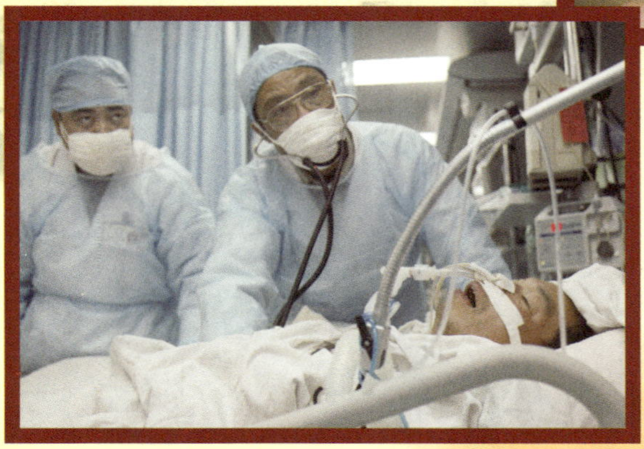

2003

2010

2020

►2020 年 3 月，钟南山在《还是钟南山》图书扉页上赠言，鼓励经济日报出版社的同志们。

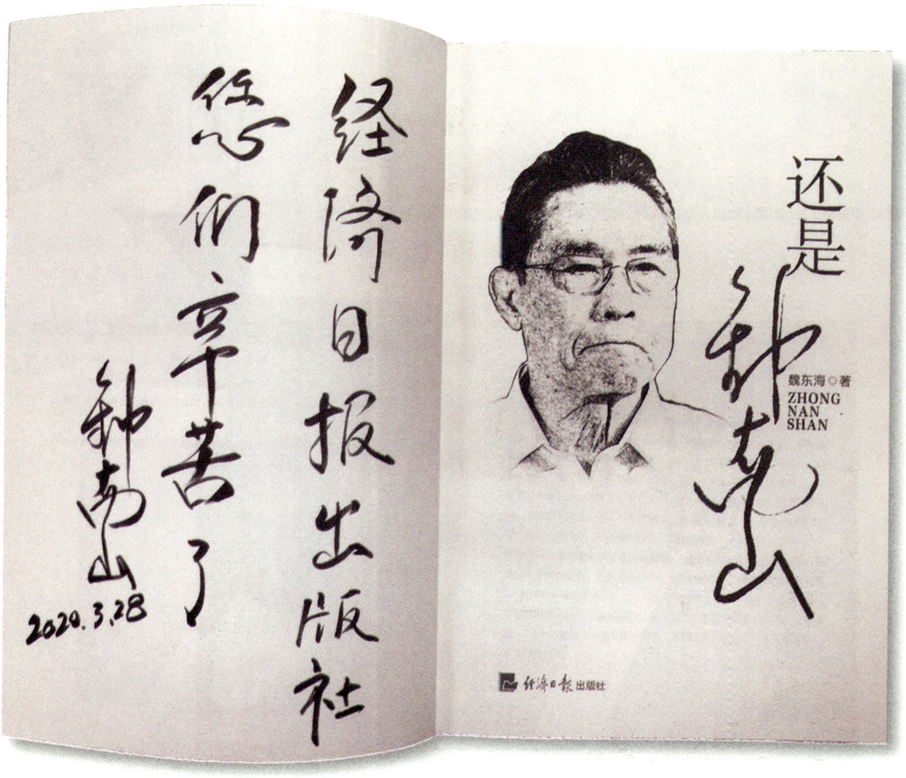

院士自述

人不应单纯生活在现实中，还应生活在理想中

钟南山

在我的生活中，对我影响最大的是我的父亲钟世藩。父亲早年留学美国，新中国成立后是中山医科大学的一级教授，著名儿科专家。记得我刚满13岁那年，也就是1949年10月，在广州解放的前夕，当时任广州中央医院（现广东省人民医院）院长的父亲，愤怒地拒绝了国民党南京卫生署让他携医院巨款撤去台湾的命令，义无反顾地留在了刚刚成立的新中国。父亲热爱祖国，醉心于医疗事业。20世纪50年代，国家还很贫穷，科研条件更是有限，父亲为了研究乙型脑炎病毒，用自己的工资买来小白鼠做实验，我们家也成了他的实验室。1966年，他被“靠边站”，还是痴心于他的研究，总结自己行医数十年的经验，写成了40万字的专著《儿科诊断和鉴别诊断》。这本书曾先后再版了6次。1987年父亲去世，他临终前还念念不忘他的研究，常与我探讨病毒与磁场的关系。父亲常说：“一个人能够为人类创造点东西，那就没有白活。”父亲的教诲我一直铭刻于心。

我的中学时光是在华南师范大学附中度过的。给我印象最深的是一位老师曾对我说过的一段话。他说："人不应单纯生活在现实中，还应生活在理想中。人如果没有理想，会将身边的事看得很大，耿耿于怀；但如果有理想，身边即使有不愉快的事，与自己的抱负相比也会变得很小。"他的话很朴实，却蕴含着很深的人生哲理。在以后的日子里，我常常拿这些话来激励自己。

也许是受父亲的影响吧，1955 年我考入了北京医学院。我酷爱体育运动，在读书期间经常参加田径比赛，成绩不错。1958 年，因我体育成绩突出，被抽调到北京市集训队训练，准备参加第一届全运会。在全运会上我奋力拼搏，以 54.4 秒的成绩打破了男子 400 米跨栏的全国纪录。这也许是我五年大学生活中最光辉的一笔吧。正是由于注意锻炼身体，为以后完成繁重的医疗科研任务打好了身体基础。到现在我还坚持体育锻炼，每个星期都要同我的研究生打一场篮球。

1960 年我大学毕业，留在了北医。从 1960 年到 1970 年的十年间，我干过很多工作：先是当辅导员，后到放射医学教研室任教，再后来到过农村，当过工人、校报编辑，还干过一年多的文艺宣传队。

1971 年我调回到广州医学院第一附属医院，当时是广州市第四人民医院。起初，我很想当胸外科医生。医院的老医生却说："钟南山已经 35 岁了，还搞什么外科。"结果我被安排到了医院急诊室。因毕业后没搞过临床，在一次出诊时将一位有结核病史的胃出血病人，误诊为"结核性咳血"，差点误了事。此事对我刺激很大。从此我刻苦钻研技术，废寝忘食，每天工作到深夜。在 8 个月时间内，写下了四大本医疗工作笔记，体重也掉了整整 12 公斤，我很快胜任了临床工作。

为了响应时任总理周恩来关于开展慢支炎群防群治的号召，1972 年，广州医学院第一附属医院成立了慢性支气管炎防治小组，我参加了这个小组，从此开始了对呼吸疾病的系统研究。当时医院在这方面的研究还是一个空白，我们从痰样分析开始搞起。防治小组连一台像样的呼吸机都没有，对于危重的肺病人，我们小组的同志就用轮流手捏皮球呼吸机的办法，抢救了一个又一个“呼衰”病人，抢救成功率达 80%。在当时的环境下，我们小组的同志克服了很多困难，在呼吸疾病的研究方面取得了一定的成绩。1978 年，中国知识分子迎来了科学的春天，我作为广东省的代表参加了第一届全国科学大会。我们小组根据慢支炎病人痰液的特点进行了中西医结合分型诊治研究，获全国科技大会一等奖。1979 年我们在原慢支炎防治小组的基础上成立了呼吸疾病研究所。当时地方不够，我们就在天台上搭了个棚子做起了试验。

也就是这一年，我抱着学习国外先进技术的强烈愿望，通过了国家外派学者资格的考试，获得赴英国为期两年的进修的机会。

当时国家刚刚开始搞改革，百废待兴，经济还不宽裕。为了节省经费，我们是乘火车去英国的。记得出发那天，正好是我 43 岁的生日。人生苦短，我们这一代人被“文革”浪费不少时光。我渴望早日到达目的地，投入学习、工作。经过九天的长途跋涉，列车穿越苏联、波兰、德国、荷兰等国，终于在 1979 年 10 月 28 日到达伦敦。可是，按照英国的法律，中国医生的资格在这里不被承认，因而不能单独为病人治病，只能以观察者的身份参加查房和参观实验。我的导师佛兰里教授甚至说：“你在这里只能待八个月，以后你要自己联系到别的什么地方去。”这无疑给我兴奋的心情浇了瓢冷水。那天晚上，我彻夜难眠，祖国科技落后，我一定要争口气。

我先是从自己身上先后共抽了 800 毫升血，做了近三十次试验，将呼吸实验里的一台闲置了大半年的血液气体张力平衡仪修好。接着就开始搞“吸烟（一氧化碳）对人体影响”的课题。为了取得第一手数据，我连续吸入一氧化碳并多次抽血测定浓度。当一氧化碳的浓度达 15% 时，我感到头晕脑涨。有同事说：“停止吧！”我坚决要求继续吸入，直至血中一氧化碳含量达到 22%，这相当于一个人连续抽六十多支香烟。我的实验取得了满意的效果，不但证实了弗兰里教授的一个演算公式，还发现了他的推导的不完整性。那天，弗兰里教授一下将我抱住，连连说：“谢谢你，谢谢你证实了我多年的设想，祝贺你有新的发现。”他又问我：“你打算在这里干多久？”“你不是说只能待八个月吗？”我说。“不！你愿意在这里干到什么时候都可以”，弗兰里教授非常肯定地答道。

在英国的两年间，我与英国同行合作，先后取得了六项科研成果。1981 年我要回国时，弗兰里热情洋溢地致信我国驻英使馆。他写道：“在我的学术生涯中，曾经与许多国家的学者合作过，但我坦率地说，从未遇到过一个学者，像钟医生这样勤奋，合作得这样好，这样卓有成效。”我那天晚上在日记中这样写道：“我终于让他们明白了中国人还是有值得别人学习的地方。我第一次感觉到了做中国人的骄傲。”

回国后，我和呼研所的同事们为赶超世界先进水平而不断努力，我们的主要研究方向是“支气管哮喘的发病机理与诊治”“缺氧性动脉高压的发病机理与治疗”“支气管肺癌发病机理与成人呼吸窘迫综合征的防治”“慢阻肺膈肌功能及慢阻肺及肺心病病人营养状态及营养疗法等方面的研究”等。

钟南山

（本文写于 1997 年）

再版序言

有一种人生叫钟南山：实事求是

秦朔

2020 年 1 月 20 日晚，针对新型冠状病毒感染的肺炎疫情有关防控情况，国家卫健委高级别专家组组长钟南山院士接受了央视“新闻 1+1”采访，回应民众关切。

钟院士的几个观点非常直接和清晰：

1. 新型冠状病毒的感染现在刚刚开始，正在爬坡，跟 SARS（非典）那时相比传染性没有那么强，毒力也还没那么大。

2.（通过抗击 SARS）我们确实积累了一定的经验。但是，因为这个疾病正处于起始阶段，现在的病死率不能代表它的全貌，恐怕还得看这个疾病的发展。

3. 现在病毒还是出现了人传人的现象。在武汉有可以肯定的证据，比如，在广东有两个病人没去过武汉，但是家人在去了武汉以后，染上了新型冠状病毒，回到家里后，两个家庭都有人染上了新型冠状病毒。

4. 现在我们对它的了解还不够。我们只能从原则上（判断），第一，它是一种新型的冠状病毒。它引起的一些症状，跟之前的SARS有些相似。第二，它的源头是什么动物，基本上还不清楚。若从多方面流行病学的调查来看，可能性较大的野生动物，比如说像竹鼠、獾这一类等。

5. 已经存在人传人，同时医务人员也有传染，要提高警惕。

6. 没有特殊情况不要去武汉，能不出武汉则不出来。有感冒要到发热门诊就诊；要戴口罩。戴口罩还是有用的，因为这些病毒常常存在飞沫里。一般的外科口罩能够阻挡大部分的病毒。

基于客观事实，尊重客观规律，进行客观分析，给出客观建议，是一贯的南山风格！

什么是客观？就是不以人的主观意志为转移的存在，就在那里，实实在在。在国家卫健委召开的新闻发布会上，钟南山表示，新型冠状病毒感染肺炎疫情防控的关键，是防止出现超级传播者，武汉减少输出非常重要。春节期间，估计病例数还会有增加。希望各地加强防控。

2003年春，广东处在中国抗击SARS的最前沿。当年67岁的钟南山，基于事实和客观规律，讲真话，准确找出了疫情发生的真正原因。

钟院士在抗击SARS中的贡献已载入史册。他是2003年中央电视台“感动中国”年度人物，其颁奖辞是：“面对突如其来的SARS疫情，他冷静、无畏，他以医者的妙手仁心挽救生命，以科学家实事求是的科学态度应对灾难。他说：‘在我们这个岗位上，做好防治疾病的工作，就是最大的政治’。这掷地有声的话语，表现出他的人生准则和职业操守。他以令人景仰的学术勇气、高尚的医德和深入的科学探索给予了人们战胜疫情的力量。”

2003年我还在《南风窗》工作，5月13日上午在广州医学院第一附属医院呼吸研究所钟院士的办公室对他做了专访，这篇文章后来也被用作《勇敢战士：钟南山传奇》一书的序言。

作为《勇敢战士：钟南山传奇》一书的策划和编辑，我得以比较深入地了解了钟院士的人生经历和事迹。他的确是一个传奇。凡见过钟院士的人，都会对他强健的体魄和饱满的精神感到吃惊。他出生于1936年，

1955年考入北京医学院，他酷爱运动，1958年因体育成绩突出被抽调到北京市集训队训练，在1959年第一届全运会上以54.4秒的成绩打破了男子400米跨栏的全国纪录。他的爱人李少芬与他同岁，是新中国成立后的第一代女篮国手。他们的女儿钟惟月是优秀的游泳运动员，1994年打破了短池蝶泳世界纪录。儿子钟惟德是广州的著名医生，曾荣获广州十大杰出青年称号，也是医院篮球队的“中流砥柱”。

我采访时问他：“您67岁了，看起来还像四五十岁的人。您对于一般人有什么样的健康忠告？”

他回答：人有几种年龄，实际年龄，生理年龄，心理年龄。实际年龄相同的人，生理年龄和心理年龄可能会有很大差异。一个人有好的心态，反过来会改善他的生理年龄。还有就是通过运动等，也可以保持生理年龄的“年轻”。

钟院士的医学成就很高，社会贡献很大，同时他也是一个特别真实的人。

对钟院士一生影响最大的是父亲钟世藩。钟南山至今记得这样一段往事：

钟南山1971年9月从北京回到广州家中，之后一段时间，总觉得父亲的眼中充满忧虑。父亲担心什么呢？他不敢多问。直到一天，不爱说话的父亲突然问了他一句：“南山，你今年几岁了？”他一时没明白父亲的用意，回答说36岁。“唉，都36了，真可怕……”父亲深深地叹了一口气。这一夜，品味着父亲未说完的话，钟南山想了很多很多，他明白父亲的苦心，想到自己都36岁了还一事无成……心里有如翻江倒海。

钟南山多次对别人说，他的医学事业是从36岁真正开始的。

钟南山本人深受父亲的影响，专注研究和医疗，正直真实，极其务实。父亲临终之际嘱咐他，“千万不要开追悼会，浪费别人的时间”。这一刻他一直铭记在心。

所以钟南山也特别不喜欢空谈务虚。他在广东参加“两会”，看不惯有些代表和委员的发言，有一次终于忍不住说：“现在大家的发言，8分钟是肯定和表扬，2 分钟是自我表扬，最后一分钟提点问题，而且还鼓掌，我一直想，鼓什么掌呢？”

有时说真话是需要勇气的。2003 年非典初期，媒体报道中一片“病因已被查明，形势大好”。但钟南山坚持自己的看法，“一个是关于病原，到底是什么？一个是对这个病的认识，二三月份有人说控制了，我说没有控制。第三是我提出国际大协作的思路，有人说大协作是错的。”他说他始终有一种预感，始终有一种信心，“主要是我们的国家，社会的风气，现在比较讲究实事求是，看事实，特别是群众。因此我不觉得压力很大，我也不觉得他们说的怎么怎么可怕，我认为是可以过去的。我的动力比压力要大得多。”

2003 年央视《面对面》采访钟南山。节目录制中，主持人王志突然问：“你关心政治吗？”

钟南山并不知道王志问话的含义，但他脱口而出：“我想搞好自己的业务工作，以及做好防治疾病，这本身就是我们最大的政治。”

钟南山一直铭记两句话，也是他的人生格言。

一句是父亲常说的，“一个人能够为人类创造点东西，那就没有白活。”

一句是他在广州华南师大附中读中学时一位老师说的。“人不应单纯生活在现实中，还应生活在理想中。人如果没有理想，会将身边的事看得很大，耿耿于怀；但如果有理想，身边即使有不愉快的，与自己的抱负相比，也会变得很小了。”

作为《勇敢战士——钟南山传奇》一书的编辑，我将上述学习钟院士的感悟作为再版的序。

第一版序言

这是我生命中很重要的一件事

秦朔

这不是一本普通的书，因为它记录的是不平常的时代，不平常的考验，以及不平常的人生。

在 21 世纪中华民族的复兴之路上，2003 年抗击非典的这场斗争，已注定要写入历史，成为一座意义深远的纪念碑。在沧海横流，人类与疫魔殊死搏斗的关键时刻，我们目睹了时任中共中央总书记胡锦涛两鬓新生的白发，看到了时任国务院总理温家宝泪眼中的焦虑的神情。正是在党中央、国务院的正确指引下，在全国各地党委、政府的坚强领导下，在广大医务工作者临危不惧、舍生忘死的勇敢拼搏下，在社会各界众志成城的支持下，抗击非典才取得了重大的胜利。

在这些日子，每一个中国人对于“生命”这两个普通的汉字，都有着远不同于昔日的理解。

“我们很揪心。”到广东视察工作的时任总书记胡锦涛说。

“这不是一般的学术争论，这是救命的问题。”在广东的中国工程院院士、广东省非典型肺炎医疗救护专家指导小组组长钟南山说。

人命关天！天佑中华！

这本书所记录的，是钟南山院士在抗击非典的风风雨雨中的经历，以及他的人生历程。它从一个侧面，刻画了我们时代的危机与生机，精神与命运。

这本书与我的缘分，要追溯到2000年1月，我受广州市政府公派，与其他26位来自广州各个单位的同学一起，到美国加州州立大学北岭分校进修。当时，同班有一位来自广州医学院的同学——魏东海，现在已经是学院的党委办公室、院长办公室主任，博士，教授。我最早从他的口中知道了很多关于钟南山的传奇故事。

在美国的那一年，东海刻苦攻读英语，同时很喜欢运动，经常打网球。他爱钻研企事业管理问题，曾独自联系到硅谷和洛杉矶的几家美国集团公司实习和调研，回国后还多次应邀赴美国讲学。与东海接触多了，了解到东海阅历丰富，曾经下过乡，当过兵，当过工人。他为人低调，做事认真，2002年还参加了深圳高新技术开发园区领导干部面向国内外的公开招聘，当时的应聘者有的来自美国哈佛大学、梅隆大学，也有清华大学等国内著名大学和一些企事业的精英，全部具有博士学位。最后，他以笔试（含英语）第一、面试第一和总分第一的优异成绩名列榜首。后来，在了解钟南山更多一些的时候，我猜测，东海是不是也受到了他的影响。

在美国，大概是10月的一天，在公共厨房做饭的时候，我碰见东海。他告诉我，他和一些同事一直在编一本钟南山院士的书，试图用图文并茂的方式反映这位科学家、医生、教授的风采。他说书很快就编完了。他问我有没有时间看看，将来能不能帮助出版。我说可以，但那时我正在读公共管理硕士的课程，应付几门课的论文，很忙，就提出让我父亲帮忙看看。我父亲曾经在河南大学出版社工作，已经退休，刚好到美国来看我，他有不少空闲时间。

我父亲和钟南山是一代人，也是知识分子，所以看到钟南山的人生经历，他有些感同身受，常常感慨中国知识分子“虽九死其犹未悔”、历经磨难依然热爱国家、热爱事业、坚持真理、造福社会的精神和命运。我记得他对钟南山的父亲、我国早期儿科医学的重要代表钟世藩教授的印象尤其深刻。世藩教授的一生，在医学专业上是多么精湛，在人品医德上是多么高尚，却也遭尽战乱和政治运动的冲击。在他被勒令退休、人生的最后时候，眼睛几乎失明的世藩教授，硬是趴在纸上写下了煌煌40万字的儿科著作。他的内心是什么样的力量在支撑?

在世藩教授看来，答案也许是非常简单的，他行医40年，深知中国基层医院的条件之简陋，他想把自己的全部经验奉献出来，希望对儿科医疗水平有所改善，让更多患病的孩子过上好的生活。不管他个人的命运如何，他的内心要听凭的是人民的召唤，病人的召唤，良心的召唤。

最近这一个多星期，我在编辑这本书的时候，多次被钟世藩教授、廖月琴女士、钟南山院士的精神力量所打动。他们是我们社会中一股清洁的力量，创造价值的力量，向上的力量，坚韧的、终身进取的力量。

我在读着这些文字的时候，脑子里不时想到类似这样的话:

“他虽则赴汤蹈火，而坚定勇敢;他虽则危在旦夕，而恪守信念。……他横遭不测，然而绝不被征服。”（蒙田）

“纯洁心灵的任何努力，都不会徒然无益;道德能量的每次消耗，也不会弥散长空，毫无反响。”（茨威格）

“多年以来，这谦逊崇高的学者，生活在迫害和贫困的双重阴影下，经常面临着可怜的窘境。然而他的心灵却一派自由，因他不受制于宗派的羁绊，也不听凭自己受任何流行狂热的奴役。”（茨威格）

“我们自古以来，就有埋头苦干的人，有拼命硬干的人，有为民请命的人，有舍身求法的人，……虽是等于为帝王将相作家谱的所谓‘正史’，也往往掩不住他们的光耀，这就是中国的脊梁。”（鲁迅）

“真正的光明绝不是永没有黑暗的时间，只是永不被黑暗所掩蔽罢了。”“在你要战胜外来的敌人之前，先得战胜你内在的敌人。”（傅雷）

这种精神的力量，不为任何世俗力量所腐蚀、所侵吞、所遮盖的精神的力量，直到今天，难道不是我们的社会应该汲取的吗?在从钟世藩教授到钟南山院士的精神映照下，我们每个人不是大有反思自己人生的必要吗？

2003年4月中旬的一天，我找东海，跟他讨论写一篇反映广州医学院第一附属医院呼吸疾病研究所如何抗击非典的文章（《科学精神击破非典恐惧》，载于《南风窗》2003年5月上）。言谈间，我偶然得知，2000年我看过的钟南山的书还没有出来。我脱口而出："快啊！"

当时，中央电视台《面对面》节目关于钟南山的报道还没有出来，钟南山的影响力还没有今天这样家喻户晓。但我考虑的角度是，钟南山所坚持的科学精神，对我们国家和民族的意义。

我们这个饱经沧桑的民族，已经走进21世纪，全球化时代，难道我们还要继续犯那些小儿科的错误吗？难道还不能实事求是，服膺真理吗？

在我的强烈建议下，魏东海先生在原有的文字基础上，重新开始了创作，经过艰苦的努力，终于把一本更全面的关于钟南山院士的著作呈现在我们面前。

我为我推动了这本书的创作而自豪。我完整地参与了这个过程，付出了我的努力，原因正如当年张承志参与《哲合忍耶》一书翻译时所说的话，"只是为了表明我有搭救的可能"。

我个人已经在杂志社工作了13年，出版过7本书，主编和编辑过几十本书，在这些煮文弄字的过程中，我有机会向太多中国社会的精英学习。说出他们的名字，在我有攀附之嫌，所以这里姑且省略。

但是，此时此刻，我愿意毫无遮掩地向广大读者推荐《勇敢战士——钟南山传奇》一书。我把这段阅读和编辑这本书、吸收精神力量的过程，看成我生命中很重要的一件事。

亲爱的读者，当你读完全书的时候，我相信，你的面前，会立起一个胸襟开阔、富有良知，面对挫折却淡定无惧的科学工作者的形象，你会和我一样，增添了艰难中的信念，磨难中的勇气，困顿中的坚韧。

让我们感谢，斯世而有斯人。让我们感谢，虽然当下疫情中的中国有这么多的不安，但钟南山，以及许许多多同他一样充满精诚仁爱的"大医”们的身影，给了我们巨大的抚慰和信心。

口罩终将解去，危机终将告一段落，但“勇敢战士”们的真诚与勇气，我们焉能淡忘？

这本小书，就是我们对这段历史，这种精神的深深铭念。

（本文为《勇敢战士：钟南山传奇》序言，写于2003年5月18日）

目 录

引子

17 年前的对话

2003 年 5 月，我和同事们在广州医科大学（原广州医学院）第一附属医院采访奋战在抗击非典第一线的钟南山院士。当时，在钟院士作为领军人物的广大医务工作者的共同努力下，肆虐一时的 SARS 病毒已得到控制。我们提出这样一个问题：尽管我们都不希望 SARS 重来，但是假设它重来，我们在哪些方面可以做得更好?

钟院士回答的原话是这样的：

“我想，经过这次非典之后，情况会好多了。

“第一，我们对突发的灾害，以后会有较强的承受能力，包括思想的承受力。

“第二，我们的国家、政府对于卫生、预防、防疫系统，会有更多的投入。我们通过采取一系列的措施，以后再出现类似的问题，就会比较主动。一是我们的思想准备会比较充分，二是不会措手不及。

“第三，我们会实事求是地处理这样的事情。不会再瞒报，耽搁时间。世界卫生组织曾说，除非中国某些地区能够把真实的情况告诉我们，否则不会有合作的可能。我想这是一个深刻的教训。”

正如钟院士所言，非典以后，我们国家加大了对于卫生、预防、防疫系统的投入，建立了可称为世界一流的传染病防控体系。在这个体系中，全国有554个监测点、400多家网络实验室。国家还制定了2008年至2020年应对重大突发疫情的总体规划，重点布置病原体快速鉴定、五大症候群监测、网络实验室体系建立的任务。全面提升了新发突发传染病的防控能力。

2003年以来，钟南山带领团队探索建立了符合中国国情的呼吸道重大传染病防控体系，建立了国际先进的新发特发呼吸道重大传染病“防－治－控”医疗周期链式管理体系，为推动我国建立公共卫生防治体系、提高重大疫情侦察监测能力和效率、加强应急队伍建设等方面发挥了重要作用，无论是应对H5N1、H1N1、H7N9、H5N6，还是MERS流感等，在这些突发疫情事件的应急处理中，人们都能看到钟南山矫健的身影。

然而，这世界存在着一种现象，人们称之为“黑天鹅”事件。17世纪之前，欧洲人认为天鹅都是白色的，但是随着澳大利亚第一只黑天鹅的出现，这个看似不可动摇的命题一夜之间“崩塌”了！之后人们常常用“黑天鹅”来比喻不可预测的重大稀有事件。它具有意外性，也会产生非常重大的影响。

2020年初，人类就遭遇了一个巨大的“黑天鹅”事件——新型冠状病毒感染。截至3月初的数据显示，新型冠状病毒的感染人数已远超“非典＋猪流感＋中东呼吸综合征＋埃博拉”感染人数的总和。

有人说，突如其来的新冠肺炎疫情融合了2003年SARS、2008年南方冰冻、汶川地震三场灾害事故的特性，加上涉及千万人口等多种因素，复杂程度比上述三灾合一还要复杂，规模还要大，这不是仅仅拥有一流的传染病防控体系就能解决的问题。

有人说，这是现代社会人类面临的一场大灾，不可能有完全成熟的经验来应对。

那么，中国将如何应对这场史无前例的大危机？

84岁的钟南山院士在疫情面前又有何思、何想、何为？

第一章　2020 江城风云

17 年前，奋战在抗击非典第一线，如今再战防疫最前线，84 岁的钟南山有院士的专业，有战士的勇猛，更有国士的担当。一路奔波不知疲倦，满腔责任为国为民，的的确确令人肃然起敬！感谢钟南山，感谢负重前行的医生，感谢所有为防控疫情而努力的人。万众一心、众志成城，打赢这场疫情防控战！

——《人民日报》

钟南山在广州进行新冠病人的远程会诊

他有一个非常响亮的名字——钟南山。钟馗的“钟”，终南山的“南山”。

很久以前，中国人就把出自终南山中的钟馗，视为驱病逐疫的神灵。今天，冲锋在抗击新冠肺炎疫情最前线的中国工程院院士、国家卫健委高级别专家组组长钟南山，正扮演着“现代钟馗”的角色。

在民间传说中，钟馗专门捉鬼、斩鬼、吃鬼，并因翦鬼有功，被玉帝封为“驱魔帝君”。宋代沈括的《梦溪笔谈》记载过这样一件趣事：关中没有螃蟹，元丰年间，陕西秦州有一户人家拾到一只干瘪的螃蟹，村里人以为它是怪物，十分害怕。但每逢村中有人生病，只要将干蟹借去，挂在大门框之上，往往疾病不治而愈。这只干蟹，就是所谓钟馗的化身。

据传，钟馗是唐代人，字正南，终南山（陕西秦岭）秀才。唐德宗时他进京应试，才华出众，不假思索，一挥而就。主考官韩愈、陆贽阅后拍案叫绝，遂点为头名状元。后来德宗封钟馗为“驱魔大神”，遍行天下，以斩妖邪。

不管这些传说的可信性如何，但钟馗在民间的形象是非常鲜明的，那就是剪除鬼魅，除邪驱魔，换得平安，保得健康。

最美逆行者

2020年，一只黑天鹅突然飞入人们的视野。

和往年一样，这年年初，中国最大规模的周期性迁移——“春运”的乐章已经奏响，思乡心切的人们肩背手提着大包小包纷纷踏上回家的旅途，去欢度那个万家团圆，接福纳祥的中国传统节日——农历庚子鼠年春节。

2020 年 1 月 18 日傍晚，广州火车南站人头攒动，一位鬓染银丝、精神矍铄的长者和一位年轻人随着拥挤的人流匆匆登上了 17 点 45 分从广州开往武汉的 G1022 次高铁。他们是临时买票登车的，因此没有买到坐票。春运期间高铁票异常紧张，列车坐票早在一个多月前已被抢购一空了，列车方面先为他们找来两张椅子，后来在餐车的一角为他们找到了座位。斜对面的小伙子好像认出了这位长者，他对坐在隔壁的同伴悄悄地说："你看，那不是钟南山院士吗？"是的，他就是 84 岁的中国工程院院士、国家呼吸系统疾病临床医学研究中心主任钟南山，同行的年轻人是他的助理小苏。后来小苏告诉作者，如果不是在餐车上找到座位，钟南山院士就要坐在列车过道里临时摆放的椅子上去武汉了！

在餐车上坐下后，钟南山马上打开电脑仔细研究疫情的有关情况。小苏买了火车餐：土豆牛腩饭和矿泉水。钟南山一边吃盒饭，一边继续看相关资料。忙碌了一天的他显得非常疲劳，中途困了，他将眼镜放在餐台上，仰头靠在椅背上想休息一下，不料竟然睡着了。坐在他对面的小苏用手机拍下了这张照片。他确实太累了！这天上午 10 点接到通知时，他正在研究广东新冠病毒感染的情况，下午还要参加广东省卫健委召开的应对新冠病毒疫情的专题会。他告诉助手，希望当天就能到武汉，但当天去武汉的机票已售罄，那就只能搭乘高铁了。那天中午，小苏先到钟南山家帮他拿好行李，然后带着行李到广东省卫健委等他，下午 4 点半会议一结束他们便直奔广州火车南站。

2020 年 1 月 18 日，钟南山院士与助理小苏从广州赴武汉调研疫情的无座高铁票。

究竟是什么原因让84岁的他宁可挤在餐车一角也要第一时间赶往武汉？武汉到底发生了什么事？这趟疾驰的列车给武汉带来了什么？又给中国带来了什么？

这一切还要追溯到41天前，即2019年12月8日。当天，武汉市卫健委官方通报了首例不明原因肺炎发病者入院治疗的消息。这是新型冠状病毒肺炎首次进入公众视野。尽管当时的大众对这条消息的关注较少，但是远在广州的钟南山，凭着抗击非典的丰富经验，从这条通报里面觉察出不寻常的讯息。他告诉团队的同事，让大家密切关注武汉不明原因肺炎的情况，当年在广东发生的SARS一开始的情况也是不明原因的肺炎，要警惕可能会出现“大情况”。

12月9日到12月25日似乎没有什么新的情况，但是，紧接下来的20多天，即2019年12月26日到2020年1月18日，事态出现了戏剧性的变化，钟南山当初的推测不幸被言中了！

这个戏剧性变化的原因或事件转折点是：

2019年12月26日，湖北省中西医结合医院呼吸与重症医学科主任张继先医生在医院门诊先后接诊了4位发烧咳嗽的病人：一对老两口及儿子，还有一位华南海鲜市场的商户。12月28–29日两天，她又陆陆续续收治了3位同样来自华南海鲜市场的病人，症状和肺部表现与以上4位病人一致，并发现他们的肺部有着与其他病毒性肺炎完全不同的改变。张继先医生怀疑这是一种传染病，她觉得此事非同小可，便马上向医院报告此事。医院立即组织专家会诊，结果追问到还有两例类似病史患者曾到同济医院、协和医院治疗，留下来的地址也是华南海鲜市场。也就是说，以上6名病人均与华南海鲜市场有关联！

12月29日，该医院立即决定将此情况直接向武汉市、湖北省卫健委报告。

12月31日，国家卫健委组织的第一批专家抵达武汉正式介入调查。

2020年1月8日，国家卫健委专家评估组初步确认新冠病毒为疫情病原。

1月12日，世界卫生组织正式将引发武汉肺炎疫情的新型冠状病毒命名为“2019新型冠状病毒（2019-nCoV）（英文名后统一为COVID-19）”。

以上情况钟南山看在眼里，急在心里。他特别查了武汉卫健委自2019年12月31日至2020年1月17日期间情况通报。1月11日通报累积病例41例；根据1月18日凌晨的通报，他看到的数据是45例。

眼下的武汉，传染源尚未明确，隔离措施没有实施，对症治疗方案没有系统地研究，却出现了连续多天的病例零增长。钟南山敏锐地察觉到，这并不是一件值得庆幸的事情，更大的危机或许已经逼近。但这次与2003年的SARS不同，那次病源地在广东，他可以直接接触到第一手材料，而此次疫情的地点在武汉，鞭长莫及啊。肩负着国家呼吸系统疾病临床医学研究中心主任的责任和使命，他现在最想做的事是，到实地考察，将问题搞清楚！

或许是一个冥冥之中的默契，1月18日他忽然接到了国家卫健委的通知，请他马上赶往武汉调研疫情。

列车经过近5个小时的急驰，临近23时到达武汉。钟南山下车后没去休息，而是直接向国家卫健委和武汉市卫健委了解疫情的情况，忙到快凌晨1点才结束。了解了初步情况后，他已无法入眠，此时他已很清楚地知道冠状病毒这个老对手又要向人类发起进攻了！

在武汉发现的新型冠肺炎病毒隶属于哪个群？其与SARS病毒基因序列相似度有多少？与MERS（中东呼吸综合征）同源性又是多少？一切都是未知数。

1月19日一早，被任命为国家卫健委高级别专家组组长的钟南山与专家组的其他专家们忙碌起来。他专门到收治危重病人最多的金银潭医院调研，通过视频与ICU的医生进行了交流；他还到当地疾控中心等有关部门进一步了解情况，随即组织专家组开会对目前的事态进行深入分析，紧接着再次与武汉市卫健委核实当时已发病的实际人数。他还了解到如下情况：2020年1月7日，武汉华中科技大学同济医学院附属协和医院神经外科为一名69岁病人做了脑外科手术，术前病人无任何呼吸道症状。1月11日，病人突然出现发热症状，出现明显的肺部感染表现。1月15日，患者被确诊新型冠状病毒感染的肺炎，负责其脑外科手术的1名医生、13名护士被感染！

当天下午，他已对武汉市疫情的整体情况有了一定的了解。更令他忧心如焚的是：就在18日那天，武汉百步亭社区第二十届万家宴举行，有4万多个家庭参加。如果这个病毒可以人传人，这样的大规模群聚活动的后果不堪设想！他再也坐不住了，情况十分紧急，不，是十万火急！他必须马上去北京，向党中央和国务院汇报情况，而且要立即采取果断的防疫措施。时间就是生命！他乘坐当晚的航班直飞北京。晚上22点，飞机降落在首都机场后，他又立即赶往国家卫健委开会，会议一直开到次日凌晨。会议结束回到酒店，已是凌晨两点了。

1月20日早上6点，仅休息了4个小时的钟南山就起床看文件，之后又是高强度工作的一天。上午他到国务院汇报情况，下午先是参加了由李克强总理主持的全国电视电话会议，接着又参加了新闻发布会等活动。

在1月20日晚上的“新闻1+1”节目中，主持人白岩松现场连线了钟南山。

钟南山的几个观点非常直接和清晰：

1. 新型冠状病毒的感染现在刚刚开始，正在爬坡，跟SARS（非典）那时相比传染性没有那么强，毒力也还没那么大。

2.（通过抗击SARS）我们确实积累了一定的经验。但是，因为这个疾病正处于起始阶段，现在的病死率不能代表它的全貌，恐怕还得看这个疾病的发展。

3. 现在病毒还是出现了人传人的现象。在武汉有可以肯定的证据，比如，在广东有两个病人没去过武汉，但是家人在去了武汉以后，染上了新型冠状病毒，回到家里后，两个家庭都有人染上了新型冠状病毒。

4. 现在我们对它的了解还不够。我们只能从原则上（判断），第一，它是一种新型的冠状病毒。它引起的一些症状，跟之前的SARS有些相似。第二，它的源头是什么动物，基本上还不清楚。若从多方面流行病学的调查来看，可能性较大的野生动物，比如说像竹鼠、獾这一类等。

5. 已经存在人传人，同时医务人员也有传染，要提高警惕。

6. 没有特殊情况不要去武汉，能不出武汉则不出来。有感冒要到发热门诊就诊；要戴口罩。戴口罩还是有用的，因为这些病毒常常存在飞沫里。一般的外科口罩能够阻挡大部分的病毒。

对话还未结束，人们很快地抓住了这几个关键词：

“有人传人”

“有医务人员被感染”

“正在爬坡阶段”

“局部发展较快”

“目前没有特效药”

“没有事不要去武汉！”

“要戴口罩”

武汉哗然！湖北哗然！举国哗然！

这段采访迅速占据各大媒体的头条，数个小时后，京东、淘宝的N95口罩相继脱销，次日，普通口罩也出现断货。

一瞬间，小苏随拍的两张照片刷遍微信朋友圈。一张是钟南山挤在餐车上仰头合目小憩的照片，另一张是他戴着口罩在金银潭医院考查的照片。这两张照片让亿万中国人泪目。

2020年1月18日，钟南山在从广州开往武汉的餐车上小憩。

2020年1月19日，钟南山去武汉调研。

他让大家不要去武汉，而自己却不顾84岁高龄漏夜逆行江城！

他证实这个病毒会人传人，而他自己却不顾个人安危去到收治危重症病人的金银潭医院了解实情！

这是一种什么样的精神！这是一种什么样的情怀！这是一种什么样的担当！

人们又想起了2003年的抗击非典，是他主动请缨“把最重的病人送到我这里来”，年过花甲率领团队冲在第一线；这一次还是他，年过耄耋之年依然逆行武汉，冲在了抗击新冠病毒的第一线！

2020年的1月20日是令人难忘的一天。中共中央总书记、国家主席、中央军委主席习近平作出重要指示，湖北武汉市等地近期陆续发生新型冠状病毒感染的肺炎疫情，必须引起高度重视，全力做好防控工作。

这一天，国务院总理李克强主持召开国务院常务会议，进一步部署新型冠状病毒感染的肺炎疫情防控工作，要求有力有效遏制疫情。

这一天，国家卫健委发布1号公告，将新型冠状病毒感染的肺炎纳入《中华人民共和国传染病防治法》规定的乙类传染病，并采取甲类传染病的预防、控制措施。同时，由新型冠状病毒感染的肺炎被纳入《中华人民共和国国境卫生检疫法》规定的检疫传染病管理范围。

14亿中国人再一次记住了这个名字：钟南山。

人们称他为“最美逆行者”。

英雄城市英雄泪

与四季如春的广州不同，北京的冬天，寒气逼人。2020年1月21日清早，迎着刺骨的寒风，钟南山和助手小苏来到首都机场，他要赶回广州参加下午4点由广东省人民政府新闻办公室召开的新闻发布会。自1月中旬后，他的生活就进入了全天候的奔波模式，有时一天内要过两个季节，得益于自年轻时就热爱并坚持至今的体育锻炼，已过耄耋之年的钟院士承受住了这样高强度的体能挑战。

那天是多云天气，当飞机升至万米高空时，机身下那白色的云海，如山峦起伏，一望无际，十分壮观。钟南山无暇欣赏窗外的景色，他的脑海一直萦绕着两个问题：冠状病毒和隔离传染源。

说起冠状病毒这个打交道多年的老对手，他再熟悉不过了！

人类与冠状病毒斗智斗勇的历史已有80多载了。1937年，人们首次从鸡身上分离出了一个外观像日冕样的病毒；1968年，生物学家阿尔梅达对这些病毒进行了形态学研究，因病毒的包膜上都有形状类似于古人皇冠样的棘突，故提出命名这类病毒为冠状病毒；1975年，病毒命名委员正式将该类型病毒命名为冠状病毒。

冠状病毒有着复杂的谱系，在过去的17年内其有两个亚群的病毒袭击人类。一人是2003年的SARS病毒（属B亚群，引起非典型肺炎，表现发热、头痛、肌肉酸痛，呼吸衰竭等症状），波及29个国家，共确诊8096例，死亡774例，病死率9.6%。另一个是MERS病毒，2012年波及27个国家，共确诊2468例，死亡851例，病死率高达34.4%。

这一次的新冠病毒是一种什么类型的病毒？既不是SARS也不是流感，它可能是一种全新的病毒，有自己的特点。其宿主是哪种动物？中间宿主又是哪种动物？这些目前都还不清楚。一想到传染源，钟南山的眉头紧锁。

控制传染源是控制传染病流行的重要环节，由于不少传染病在开始发病以前就已经具有传染性，当发病初期表现出传染病症状的时候，传染性已达到最强程度。因此，对患有传染病的病人要尽可能地做到早发现、早诊断、早报告、早治疗、早隔离，以防止传染病蔓延。

如果是“有限人传人”，那么病毒传一两代就断了，不会继续传下去。如果病毒可以连续传几代，比如A传给B，B又传C，C又传D，就是“持续人传人”。这样就会出现级数增长式的传播，比如一人传给多人，这些人又连续传给了更多的人，就是高效传播，甚至是超级传播。

在1月21日下午由广东省人民政府新闻办公室召开的新闻发布会上，钟南山提出，人传人在武汉和广东都得到了证实，武汉是在医务人员和病人之间有互相传染。同时，他提出了一个此前大众没有关注的问题：如果出现“下一代”人传人（即持续人传人），疫情就会很快播散。当天，世卫组织发言人 Tarik Jasarevic 在采访时曾表示，根据世卫组织收到的最新信息及其分析，目前有证据表明新冠肺炎存在有限人传人的情况，可能存在持续人传人。

钟南山还提出要多方合作抓紧研究治疗方案和药物。1 月 21 日下午，科技部副部长徐南平组织召开“新型冠状病毒联防联控工作机制科研攻关组第一次会议”。会议宣布，成立以钟南山院士为组长、14 位专家组成的新型冠状病毒感染的肺炎疫情联防联控工作机制科研攻关专家组，从国家层面迅速启动应急科技攻关项目。1 月 22 日，“新型冠状病毒感染的肺炎疫情科技应对”第一批 8 个应急攻关项目已经紧急启动，经费拨付到位。

自 2003 年 SARS 事件之后，钟南山带领团队探索建立符合中国国情的呼吸道重大传染病防控体系，探索建立国际先进的新发特发呼吸道重大传染病“防－治－控”医疗周期链式管理体系，就是要为推动我国建立公共卫生防治体系、提高重大疫情侦察监测能力和效率、加强应急队伍建设等方面发挥作用。在 SARS 发生后的十几年里，无论是应对 H5N1、H1N1、H7N9、H5N6 还是 MERS 流感，他都带领团队认真总结经验，无论遇到哪种情况，都争取将事情控制在萌芽状态之中。

疫情果然在“爬坡”阶段，1 月 20 日 –22 日这三天，疫情继续在国内和国外扩散。

截至 1 月 22 日 24 时，国家卫健委收到国内 25 个省（区、市）累计报告新型冠状病毒感染的肺炎确诊病例 571 例，其中重症 95 例，死亡 17 例（均来自湖北省）。13 个省（区、市）累计报告疑似病例 393 例。境外通报确诊病例：中国香港 1 例，中国澳门 1 例，中国台湾 1 例；美国 1 例，日本 1 例，泰国 3 例，韩国 1 例。

以上事实说明：武汉已出现持续人传人。武汉是一个拥有 1500 万人口的特大城市，如果出现高效传播，感染人数将会呈几何倍数增加，从武汉蔓延至全国、全世界！如果不采取果断措施，后果不堪设想。

所有人都将目光投向武汉。

雪上加霜的是，这次疫情叠加着春运！

武汉公安交通部门1月18日公布的信息显示，武昌站、汉口站周边高峰拥堵延时指数比上个月分别上升15.3%、10.5%；武昌站、宏基客运站周边道路高峰拥堵延时指数较上周增长26.3%，较上月同期增长24.8%。

武汉市领导在一场新闻发布会上提供了一组数据：因春节和疫情，有500万人离开武汉，武汉现有900万人。一座千万人口的城市，流出去超过三分之一的人口。

号称“九省通衢”的武汉有着悠久的历史，它在三国时期被称为“江夏”，公元208年孙权和刘备在此结盟共抗曹操，史上著名的赤壁之战在此展开。1890年，中国历史上第一座铁厂汉阳铁厂也在此兴建。1911年10月10日，推翻2000多年封建帝制的辛亥革命在这里爆发。1938年6月至10月，中国抗日战争战略防御阶段规模最大、时间最长、歼敌最多的一次战役武汉会战的主战场就在这里，在这几个月时间里，中国军队以死伤40余万人的代价消耗了侵华日军有生力量，此后，中国抗日战争进入战略相持阶段。1998年，受特大洪水灾害的影响，武汉经济损失惨重……

不论经历过多少磨难和困苦，武汉人硬是靠着“欲与天公试比高”的志气，创造了一个又一个属于武汉的辉煌。2018年，武汉市地区生产总值（GDP）14847.29亿元，城市人口超千万人。

这里有“烂漫枝头见八重”的美丽樱花，这里有鳞次栉比的高楼，这里有学生神往的“朝圣圣地”珞珈山，这里有可观“烟雨莽苍苍，龟蛇锁大江”之景的黄鹤楼，这里有“高山流水遇知音”的古琴台，还有豪爽利索的女子、大嗓门的汉子……每个清晨，这些火辣辣的武汉人，裹着汉正街的喧嚣、热干面的浓郁香气，伴随着长江千年不变的涛声，开启了新一天的征程。

然而，这一切被这场突如其来的灾难打断了。

种种迹象表明，在武汉新冠病毒已经在扩散了！其扩散范围有多大，涉及的人群数量有多少，还不能确切评估，但形势可以肯定是不乐观的。当务之急是要采取果断措施控制传染源！

钟南山院士与专家组的专家们在20日的讨论会上就已经从医学的角度定了八个字：不去武汉，不出武汉！当时他们没有用封城这个太过敏感的字眼。

3天后，即1月23日凌晨，武汉市新型冠状病毒感染的肺炎疫情防控指挥部发布通告，自2020年1月23日10时起，全市城市公交、地铁、轮渡、长途客运暂停运营；无特殊原因，市民不要离开武汉，机场、火车站离汉通道暂时关闭。

武汉封城！这是人类历史上首次超大城市封城！

这是最无可奈何的做法，这也是最传统的做法，这也是当前形势下一个最有效的办法，因为我们别无选择！

武汉下一步怎么办？武汉将向处去？

2020年这个冬天，英雄钟南山曾三次落泪。

第一次和第二次都是为了武汉，1月28日，武汉封城后的第五天，在接受采访时他眼眶饱含热泪却又坚定地说：“武汉本来就是一座英雄的城市，有全国、有大家的支持，武汉肯定能过关！”1月30日，他在赶往机场的路上接受采访时哭了，他说有学生告诉他，武汉的街坊大姐唱起了国歌。三天后，他在接受新华社专访时再次提到武汉，“在此要特别向武汉这座英雄城市表示感谢，他们做出了重要的牺牲和贡献”。

第三次是2月11日，他在采访中评价武汉医生李文亮时落泪，他用英文说：“我认为大多数人，都认为他（李文亮）是中国的英雄，我也认为是。我为他骄傲，他早在12月份就把真相告诉人们。这是一个中国医生，我想大多数中国医生，实际上都像他（李文亮）一样。”

在这场危机中，倒在最前线的“战士”不仅仅只有李文亮，还有领了结婚证为了抗击新冠推迟婚礼的彭银华、染病后还在病房展示运动成果的肖俊、风华正茂雷厉风行的洪明、一再提示职工要做好防护的刘智明……他们为了保护亿万人安全，自己却没能走过这个春天。

被称为勇敢战士的钟南山，数度洒下的，是作为医者仁心济世的悲悯之泪，是对英雄城市家国大义的感动之泪，是为牺牲在抗疫前线的战士们的痛惜之泪。

抗疫阻击战

2020年的春节，让武汉民众十分纠结。除夕之夜，本该是欢乐的合家团圆之夜，那热气腾腾的人间烟火味，从鲁家村飘到盘龙城，腊肉伴着鸭脖、春晚伴着红包、亲朋伴着小酒……而这天是封城的第二天，寂静的司门口、空旷的中南路、孤独的黄鹤楼，整个城市如孤帆远影，怅然若失。人们知道由于在前期病毒扩散较快，疫情的态势已经十分严峻了！

在党中央的领导下，中华民族打响了抗击疫情阻击战！

1月23日，也就在武汉封城的同一天，浙江省率先启动重大突发公共卫生事件一级响应。当天，广东省和湖南省也启动了一级响应。次日，湖北省、安徽省、天津市、北京市、上海市等省市也启动了一级响应。到1月29日，西藏启动一级响应，全国已经有31个省区市启动一级响应。

1月25日农历正月初一，中国共产党中央政治局常务委员会召开会议，决定成立应对疫情工作领导小组，在中央政治局常务委员会领导下开展工作。派中央指导组前往湖北省指导疫情防控工作。

1月27日，习近平作出重要指示强调，在当前防控新型冠状病毒感染肺炎的严峻斗争中，各级党委要科学判断形势、精准把握疫情，统一领导、统一指挥、统一行动。各级党组织紧紧依靠人民群众坚决打赢疫情防控阻击战。

1月29日，习近平对军队做好新型冠状病毒感染的肺炎疫情防控工作作出重要指示。我军坚决贯彻党中央决策部署，迅速启动联防联控工作机制，紧急抽组精兵强将奔赴疫情防控第一线。随后，军队抽组1400名医护人员奔赴武汉。

2月3日，习近平主持中共中央政治局常务委员会会议，听取中央应对新型冠状病毒感染肺炎疫情工作领导小组和有关部门关于疫情防控工作情况的汇报，研究下一步疫情防控工作。

……

如此超乎寻常的密集会议和指示，昭示着党中央坚定的抗疫决心和信心。这个春节，我们的防控工作都是在党中央的指导下展开的。

让我们把目光重新转回武汉。众所周知，这次遏制疫情重点在湖北，而湖北的重点在武汉。截至2月11日24时的数据显示，我国累计确诊病例44777例，疑似病例17607例，死亡病例1116例。这其中，湖北确诊和死亡病例数据分别为33366例、1068例。而武汉确诊和死亡病例数据分别为19558例、820例。从确诊病例的情况看，武汉占全国确诊病例的43.68%。从死亡病例的数据来看，武汉占全国死亡病例的73.48%。除去湖北省，其他省区市的死亡率为0.42%，而武汉一地的死亡率为4.19%，后者几乎是前者数据的十倍。

为什么会这样？钟南山和国家卫健委高级别专家组成员李兰娟在接受记者采访的时候，不约而同地指出“医疗资源短缺，病床数量少、医务人员数量少”这三点关键因素。显然，国家也早就明白问题所在，一直在努力解决这些问题。

病床数量少怎么办？

建专科医院。武汉于1月23日，也就是封城当天晚，仿照非典建立的小汤山医院，开建了火神山医院。1月26日，雷神山医院开工，2月2日，武汉火神山医院交付使用。2月6日，雷神山医院通过验收……这两座医院拔地而起，跑出了“中国速度”。一个是34000平方米、1000张病床位，10天建成的火神山医院；另一个是79900平方米、1600张病床位，15天投入使用的雷神山医院。

建方舱医院。2月3日，武汉宣布建方舱医院，武汉国际会展中心、洪山体育馆和武汉客厅同时改建，以收治轻型患者，这三处共计提供3400张医疗床位。截至2月12日，武汉宣布建11座方舱医院，已经启用7座。截至2月21日，武汉已经有13家方舱医院开仓，提供床位数

13348张，而到2月25日，武汉共计有32家方舱医院，储备床位达到3万张。

医务人员紧缺怎么办？全国各地飞驰支援。

1月24日，来自广州9家三级甲等综合医院，一支128人的救援医疗队伍迅速集齐。第一批广东援鄂医疗队在除夕夜星夜出征；1月24日，上海首批援助湖北医疗队135名医生出征；1月25日，湖南首批援助湖北医疗队出发；1月24日23:30，山东首批援助湖北医疗队到达武汉天河机场；1月25日晚，四川第一批138人援助湖北医疗队到达武汉江汉区……来自天南地北的医疗队纷纷在湖北相遇，他们告别父母姐妹、告别孩子、告别爱人，为了心中的信仰和信念奔赴湖北。

2月29日，中国国务院联防联控机制当日召开新闻发布会，国家卫生健康委医政医管局监察专员郭燕红在会上表示，全国派出4.2万名医务人员驰援湖北。考虑到湖北和武汉重症以及危重症患者治疗需要，此次在国家援派的医疗队中共派出5500余名重症专业护士（且国家队中有1.4万名护士服务于重症护理，他们约占派驻护士总人数的一半），重症专业护士占重症医务人员总数的3/4。

医疗资源短缺怎么办？政府拨、民间捐。

截至2月23日，各级财政共安排疫情防控资金995亿元，其中，中央财政安排255.2亿元。截至2月21日17时，中国红十字总会和红十字基金会共接收用于新型冠状病毒肺炎疫情防控社会捐赠款物128939.36万元。截至2月26日，国家统一调度了268万只医用N95口罩供应武汉。

除了国内的捐助，海外华人和其他国家也都纷纷开启了通往中国的“物资通道”。截至2月2日中午，韩国、日本、英国等11国向中国捐助的疫情防控物资已经到达中国。作为医疗器械生产大国特别是防护物资生产大国，我国的生产企业马上开始复产，而其他有条件转型的企业也开始转型生产。

在全国的关注下，作为全国疫情中心城市的武汉，与病毒的较量已进入“巷战”阶段。2月16日武汉启动了拉网式大排查，大排查于2月

19 日晚结束。经过此次拉网式排查，武汉市各区对所属各街道社区居民的“四类人员”情况进行了清底摸排，并对所有社区实行 24 小时封闭管理，努力落实病人“应收尽收”等疫情防控举措。

3 月 10 日，习近平总书记专门赴湖北省武汉市考察疫情防控工作。他强调，湖北和武汉是这次疫情防控斗争的重中之重和决胜之地。经过艰苦努力，湖北和武汉疫情防控形势发生积极向好变化，取得阶段性重要成果。

在党中央的领导下，在联防联控、群防群控的机制下，在全国人民协同作战下，抗击疫情形势发生了积极的变化：

1 月 27 日，31 个省（市区）和新疆生产建设兵团新增确诊病例首次上升为四位数，2 月 12 日，湖北新增确诊病例为 14840 例，到达巅峰数值。2 月 17 日，除湖北外其余地区新增确诊病例跌至两位数。2 月 19 日，湖北地区新增确诊人数降到了三位数。2 月 23 日，已经有 21 个省市区 24 小时新增病例为 0。2 月 24 日，湖北地区以外，新增确诊病例降为个位数。3 月 12 日，31 个省（市区）和新疆生产建设兵团新增病例降至个位数。

3 月 20 日至 4 月 21 日，新增病例中本土病例只有 117 例，而本土新增病例中，也多为输入病例的关联病例。至 4 月 22 日 24 时，现存病例低于 1000 例。而治愈率方面，1 月 30 日，根据国家卫健委的数据显示，31 个省（市区）和新疆生产建设兵团的治愈率为 1.76%，到 3 月 12 日，这一数据上升为 79.33%，4 月 22 日，这一数据上升为 93.25%。

在整个抗疫阻击战中，我国在疫情防控中展现的中国力量、中国精神、中国效率，展现出负责任的大国形象，得到国际社会高度赞誉。

2 月 24 日，在结束对中国为期 9 天的考察后，中国 – 世界卫生组织新冠肺炎联合专家考察组在北京举行新闻发布会，外方专家组认为，中国采取了前所未有的公共卫生应对措施取得了明显效果，在减缓疫情扩散蔓延，阻断病毒的人际传播方面取得明显效果，已经避免或至少推迟了数十万新冠肺炎病例。此外，中国也在保护国际社会方面发挥了至关重要的作用，为各国采取积极的防控措施争取了宝贵的时间，也提供了值得借鉴的经验。

而在此前，世卫组织总干事谭德塞还说过，中国采取了大规模的措施应对疫情，包括武汉“封城”阻止疫情向其他省市、其他国家传播，中国的举措为各国防疫工作“设立了新的标杆”。

4 月 8 日凌晨，或许这又是一个武汉人不眠的夜。这一天，历经整整 76 天管控的武汉“醒来”——零时整，武汉解封！

武汉关的钟声敲响了。江上，满载货物的轮船响起久违的起锚汽笛声；离汉道路通了，暌别多日的汽车喇叭声再次出现；两江四岸，灯光璀璨，一场见证“解封”历史时刻的大型灯光秀震撼上演；一列列火车从武汉的火车站缓缓开出……

武汉解封是建立在全国本土疫情传播已基本阻断的基础上的——3 月 18 日，湖北地区新增病例降为零。好消息还不仅限于此：4 月 14 日，火神山、雷神山医院患者人数清零，次日，两家医院正式关闭备用。4 月 24 日，武汉新冠重症患者清零。

随着湖北疫情得到缓解，全国各地援鄂医疗队开始撤离。3 月 17 日，首批 41 支国家医疗队 3675 人撤离武汉。4 月 15 日，国家援鄂医疗队中最后一支撤离的队伍——北京协和医院援鄂医疗队启程返回北京，他们的凯旋而归标志着湖北武汉抗疫工作取得重大阶段性成效。

暮春的广州，风和日丽，鲜花盛开。4 月 22 日中午 11 点，广州医科大学附属第一医院援鄂医疗队队员结束休整归来，钟南山院士来到现场开心地和队员们拥抱迎接他们“回家”。他说：“热烈欢迎你们归来！你们是好样的！我们现在的心情和你们出发时是完全不一样的，当时确实是遇到非常艰苦的情况，但我们跟全国老百姓、全国的医护人员一样站在第一线，我们重症医学更是站在第一线的第一线，我们挺过来了！”

从 1 月 18 日他逆行武汉到 4 月下旬国内疫情基本控制，这三个月，钟南山没有休息过一天。他一直奔波抗疫最前线，工作、工作、还是工作。有人很疑惑，问这么多的事项都要找他，他如何应对？他笑了笑说：

“其实我只做一件事情，就是治病。”他的智慧就在于用一件事将三个层面的事情统领起来。

从医生的角度，他一直在诊治新冠患者特别是重症患者的一线，同时带领研究团队加大相关科研力度，以支持医疗救治。

三个月来，除广东外，他还特别参加了湖北、云南省等外省的新冠重症病人进行远程会诊，经他疗治的病人达几十人。他领衔的科研团队也迅速在检测试剂、病毒分析、药物研发和实验等方面取得成果。

2 月中旬，钟南山团队联合中国科学院广州生物医药与健康研究院、广州再生医学与健康广东省实验室等单位最新研发出新型冠状病毒 IgM 抗体快速检测试剂盒。对疑似病例进行静脉采血或者末梢采血，采血量约 10ul，大概相当于一滴血的质量，之后通过试剂加样，15 分钟内通过目测和仪器检测进行判读，且患者的血浆稀释 500 至 1000 倍后，仍能检测出阳性条带。

2 月下旬，钟南山院士等多名专家联合完成的论文《中国 2019 年冠状病毒临床特点》在线发表。该研究首次收集全国范围的新冠肺炎患者情况，还公布了患者的病史、症状、潜伏期等有关研究。这也说明我国政府和以钟南山院士为代表的医学专家对疫情判断正确，疫情研究取得初步成果。

3 月，钟南山团队还验证了三款中、西药对治疗病毒感染有效，按他的话说，治疗新冠病毒感染的有效药是“中国第一个搞出来”。

除了药物治疗，钟南山团队还就新冠的恢复期患者血浆及 IL-6 抗体受体治疗方法做了深入研究。

从国家的角度，作为医学专家组长，他以自身丰富的经验和严谨的态度，及时向社会传达对疫情发展的研判和回应公众的关切。

在疫情爆发之初的 1 月，他积极阐明了自己对疫情的建议，认为大的方向可以分为“隔”“早”“少和卫”。

第一，“隔”即为隔离的意思。目前最有效的防控手段就是早发现早隔离。只要新型冠状病毒感染者及时被隔离，后期病人就会少很多。他说，要尽可能减少传播，传播的病人越少，出现“超级传播者”的概率就减少。他还呼吁从湖北到外地过年的人员，如果出现症状，要及时到医院就诊。如果没有症状，最好自我隔离 14 天。从某种意义上讲，武汉封城可以理解为武汉全市隔离，减少流动，预防病毒快速扩散。

第二，“早”为尽早去医院就诊。“发烧的症状一定要去看，看发热门诊，不要有侥幸心理，不要在家等，等下去如果真的是新型冠状病毒感染，有 20% 的概率会发展为重症。这样的情况下，可能会失去救治的最佳时机。”

第三，“少和卫”是普通群众为了避免被感染，要注意卫生，重视防护，尽量减少走亲访友，尽量少去人员密集的场所，出门戴口罩，在室内注意通风，勤洗手，多运动，少熬夜。

在“早”这个关键字中，各个城市都建立了定点医院，这些医院的名单通过电视台、网络、短信通知等滚动播出，基层单位也建立了每日上报身体状况的机制，确保每位病人能在发病的第一时间得到救治。

至于“隔”，依托于我国强大的公立医院系统和基层组织行动力，各个城市都设立了隔离点和隔离病房，根据病人和亲密接触者的分类不同，分别安置在不同地点。

在疫情扩散期的 2 月，他对武汉主要采取的“在家隔离”的方法提出了意见，他表示，出现了一些在家隔离导致全家感染的情况。同时他呼吁，在家隔离，不如到临时隔离点更安全。他的团队先后发现新冠肺炎确诊患者粪便和尿液中存在活病毒，他在多个场合再三呼吁大家注意下水道安全。

时间进入三四月，大众的关注点已经转移至在国外暴发的背景下，如何防范输入病例潜在风险、无症状感染者不会导致中国二次暴发疫情等涉及复工复学的安全性方面。针对这些问题，钟南山也在多个场合回应和引导。他提出无论是输入病例还是无症状感染者，借助于大规模核酸检测以及强有力的监测系统，一旦发现情况，立即隔离，同时对与患者接触的人也立即进行隔离观察，第一时间切断传播链，就不会引起暴发。他在 4 月 12 日的一次新闻发布会上说：“少数、个别病例不应该妨碍复工复产。

不能因为局部出现病例，就影响复工复产复学的进程，否则将对经济和人民生活产生很大的伤害。”

近几个月来，钟南山受访时被提问最多的问题有两个，一是疫情什么时候能被控制住？二是对于新冠有无特效药？

借助于钟团队此前设计的预测模型，包括国家强力干预等。钟南山屡次在受访时表示，国内疫情将在2月下旬达到高峰，4月底得到基本控制，事实也的确如此。在药剂的研发和实验方面，钟南山一直向社会实事求是地传达对于新冠“没有特效药只有有效药”的观点。

从国际的角度，作为国际著名呼吸疾病专家，他及时与国外分享中国经验，主张世界各国应团结一致，共同应对危害全人类的新冠病毒。

三个月来他应邀连线与美国、英国、法国、意大利、德国、瑞达、荷兰、西班牙、韩国、印度和日本等近20个国家和地区同行欧洲等国家和地区交流。他始终站在人类命运共同体的高度，传达新冠肺炎疫情是全人类面临的共同挑战，是一场人类公共卫生安全危机的理念。他提出“任何一个国家暴发，全世界都不可能安宁，不可能控制。”“不能靠大多数人得了这个病以后产生群体免疫，这个方法行不通，付出的代价和牺牲太大，所以要进行人为干预。”他强调，大家共同努力，共同研究疫苗，才有可能真正控制疫情。

从2月4日到3月19日短短40余天，单同世界上最顶尖级的学府哈佛，钟南山就连线沟通了四次，他介绍了新冠病毒感染危重患者的临床特点和治疗难点，并分享了快速检测新冠病毒和防控社区聚集性病例的经验等。在与欧洲呼吸学会候任主席安妮塔·西蒙斯的视频连线中，钟南山向欧洲呼吸学会介绍了新冠肺炎病毒基本特征与检测新冠肺炎病毒、临床救治经验分享、临床药物试验进展、中国疫情防控经验分享和疫情发展趋势预测等。在与韩国、印度专家的交流则主要集中在联防联控和及时检测方面，“针对高传染性疾病的应对办法，分别是“抑制”及“缓解”，虽然前者会造成明显的经济下滑，但中方依然坚决采用抑制手段。中方除了围堵及群防群控，每天更会公开通报实时病例，对密切接触者进行核酸检测，才可在四周时间控制基本疫情。”

4 月 3 日，英国爱丁堡大学产生了一个新的纪录，这个成立于 1583 年，校友和教职人员中有 27 名诺贝尔奖获得者，1 名菲尔兹奖获得者，4 名图灵奖获得者，4 名英国首相的英国著名高等学府，产生了建校 437 年以来首个杰出校友奖（BeingEdinburghAward），钟南山以此次抗击新冠病毒中“富有人文情怀和卓越的贡献”，以超过 90% 的得票率，获得这一殊荣。钟南山院士 1979 至 1981 年在该校作访问学者，2008 年因其在 2003 年抗击非典的突出贡献被授予该校荣誉博士学位。

……

从大寒到谷雨，从长夜到破晓，这些日日夜夜将镌刻在中华民族的历史上，同样，历史也将记录武汉这座英雄城市，记录每一位逆行者、记录每一位冲在一线的工作者、也记录在艰难时刻默默坚守的我们！历史将永远铭记面对疫情时守望相助、万众一心的中华民族！铭记在中国共产党领导下全国人民同舟共济、共同抗疫的每一个瞬间！

六十七到八十四

当 84 岁的钟南山赴武汉的消息传来，仿佛成为稳定社会情绪的镇静剂。一位大二的女生在微博上说，“我爸妈说钟南山去武汉了，顿时放心了。钟南山那么厉害？”

自 1 月 20 日他在央视向社会宣布新冠病毒可以人传人之后，各类的新闻发布会、情况通气会、记者采访等，只要他参加，他的发言必定刷屏微信圈，必定成为各类新闻媒体的头版头条。人们相信他，根据他的话来了解疫情动向，因为他一直战斗在抗击疫情的第一线，他的话，真实、可信、专业。

2003 年抗击非典时他已是 67 岁，他是勇敢战士，去战斗；2020 年他已 84 岁，他还是那个勇敢战士，还在战斗。人们想知道从 2003 年至 2020 年这 17 年里他在干什么？答案是：他一直在战斗。

作为医生，他医者仁心，名满天下。他一直坚持每周四的专家门诊和每周六的查房，各地慕名请他求医的患者很多，有人开玩笑说，要挂钟院士的号，要提前两年。这些年来他医治过的病人遍布全国各地，还有不少从国外慕名而来的患者。

作为教师，他一直坚持给本科生上课，几十年未变。他从教数十年，坚持推动医学教育改革创新，注重国际视野，于2010年成立了“南山班”，培养了一大批拔尖人才。他深情寄语学员：“我们的目标不是培养英语流利、去国外实验室做高级打工仔的人，而是创新型的中国医学实用人才。”

作为科研工作者，他带领团队2007年建立了呼吸疾病国家重点实验室、2013年申报获批科技部国家呼吸系统临床医学研究中心，他带领团队探索建立符合中国国情的呼吸道重大传染病防控体系，建立了国际先进的新发特发呼吸道重大传染病“防－治－控”医疗周期链式管理体系，对圆满处置H5N1、H1N1、H7N9、H5N6、MERS流感等突发疫情发挥了积极的作用。他说：“科研既要顶天，也要立地。顶天就是抓住国际前沿、国家急需项目，立地就是要解决老百姓的实际问题。顶天的研究不能立地，不能缓解患者的痛苦，意义就会打折扣。”2008年，钟南山等发表的名为《羧甲司坦对慢性阻塞性肺疾病急性发作的作用（PEACE研究）：一项随机安慰剂对照研究》的论文，以最多票数被《柳叶刀》（THE LANCET）评选为“年度论文”，这是中国科研工作者首次获得这一殊荣；他带领着研究团队一个一个课题地研究着呼吸疾病前沿的问题。

他领导的呼吸学科目前同时拥有国家重点学科、国家重点实验室、国家临床重点专科和国家呼吸系统疾病临床医学研究中心，标志着已建立起国内一流的呼吸疾病科研和医疗平台。国家呼吸系统疾病临床医学研究中心已在全国各地成立了34个分中心。

钟南山在2003年时为第九届全国政协委员，后当选第十届全国政协委员（医药卫生界），在2008年开始连续当选第十一、十二届全国人大代表。作为全国政协、人大代表，他关心国家大事，每次他提交的提案都是经过认真调研，有可靠的数据支撑。

他在政协人大提案发言的特点是实事求是、敢于直言。正由于此，他的名字和中国的公共卫生事业紧紧连在一起，他建言献策推动公共卫生应急体系建设，积极倡导与国际卫生组织合作。多年来，他坚守在抗击各类疫情第一线，主动承担起突发公共卫生事件代言人的角色，在雾霾治理、室内空气污染、甲型流感防控等公共事件中继续敢于发声、传递真知、稳定人心。他最早提出建议，在全国监测 PM2.5，并建议国家将治霾成果纳入官员政绩考核体系。

他一直关注医改这个关乎国计民生的大事，在全国两会上积极建言献策。2004 年，他对医院既要尽力治病救人，又要实现盈利谋生存的现状表示担忧；2008 年，他认为医改重点应该放在两方面：一是尤其是要凸显公共卫生体系中疾病预防和传染病防治等职能的公益性特点。二是政府要加大投入支持基层社区和乡镇医疗机构建设，满足基层群众的看病需求；2010 年，他则提出了三个建议：一是医改人员应提高参与医改的积极性，不能把自己看作医改的对象，而应该把自己看作主角；二是明确综合性公立医院的作用和责任，与各级医疗机构形成合作机制；三是将提高社区和基层医疗单位的水平与质量作为解决“看病难、看病贵”问题的关键；2014 年，他说：“政府在制订医改政策的时候，不能用抓经济的思维去指导医改，医改政策应该将尊重生命作为原则。只有尊重生命才能够尊重医务人员的劳动价值”；2015 年，他呼吁政府加大投入，“使公立医院医护人员的工资不再靠创收，让公立医院真正回归公益性”；2017 年，他认为提高医护人员的待遇，实现公立医院的公益性是深化医改的首要工作。

这 17 年里，他获得了国家级省部级和行业一系列的各类荣誉。

2004 年，荣获全国卫生系统最高行政奖励“白求恩奖章”，获中国医师协会“中国医师奖”，获广东省科学技术特等奖；当选南粤杰出教师；

2005 年，当选全国劳动模范，获国家科技进步奖二等奖；

2006 年，获中国呼吸医师奖；

2007 年，荣获全国道德模范（敬业贡献）奖，改革开放 30 年感动广东人物；

2009 年，被教育部评选为“高校教学名师”，入选“新中国成立 60

年来100位感动中国人物”；

2010年，被中国科学技术协会评为“全国十佳优秀科技工作者”；

2013年，获国家科技进步二等奖；2015年，被评为首届“羊城好医生”；

2016年，获中国工程院“光华工程科技奖”的成就奖，获中华医学会呼吸病学分会“杰出呼吸学术贡献奖”“终身呼吸成就奖”；

2018年，被授予“改革先锋”称号，获评“公共卫生事件应急体系建设的重要推动者”；

2019年，被授予新中国成立70周年“最美奋斗者”称号，入选“中国海归70年70人”榜单；

2020年，任国家卫健委高级别专家组组长。

有人问，为什么“还是钟南山”？

儒家经典《中庸》认为，智、仁、勇是可以通行天下的品德。对于钟南山来说，学者之智、医者之仁、战士之勇集于一身，“有本事、讲真话、敢担当、医天下”，这就是他的“厉害”所在。为什么“还是钟南山”？这17年他老骥伏枥，志在千里的成绩单就是最有说服力的解答。

这样的钟南山，他一路走来，背后还有两个非常重要的支撑因素。

第一个是国家和人民对他的信任。正是因为党和国家的信任，任命钟南山为国家卫生健康委高级别专家组组长。

2020年1月30日，李克强总理在中国疾控中心召开座谈会，就进一步加强科学防控疫情听取专家意见。钟南山院士等专家根据当前疫情走势提出意见建议。会议开始前，总理说，本该与大家握手的，但按你们现在的规矩，握手就改拱手了。会议结束后，李克强与专家们告别时，对钟南山破例，他说：“还是握一次手吧！”10天前，也就是2020年1月20日，李克强总理主持召开国务院常务会议，进一步部署新型冠状病毒感染肺炎疫情防控工作等，专门邀请钟南山等专家参会并发表意见。当此项议题结束后，总理特意走出常务会会场，与钟南山等人握手话别。

10天之内，两次事关国家大事的重要会议，国家总理两次邀请钟南山参加，两次握手，充分体现了党和国家对他的信任，也从侧面反映出钟南山身上的担子之重。

全国人民更是喜爱和信任他。在这次“抗疫”之战中，最经典的就是那个段子：

初一一动不动；
初二按兵不动；
初三纹丝不动；
初四岿然不动；
初五依然不动；
初六原地不动；
初七继续不动；
初八还是不动。
几时能动？
钟南山说动才动

耐人寻味的是，从摘口罩、保持下水道清洁再到治疗药物使用，人们都要听听钟南山是怎么说的。

第二是，他自青少年时期就誓言以医报国这一终生不渝的家国情怀。

他生于战乱，幼时颠沛流离。他长于新中国，满腔热情。他医术大成于改革开放后，医者仁心。20 世纪 80 年代初，他拒绝英国知名医院的邀请，毅然回国。变化的是岁月，不变的是他的家国情怀。

在 2003 年的抗击非典和 2020 年抗击新冠病毒，钟南山在两次事关国家民族安危的没有硝烟的战役中担当领军人物，这使我们想起了另一位同样在两次在事关国家民族安危的事件中有担当的领军人物，他就是 110 年前的伍连德博士。他是国际公认的公共卫生学奠基人、我国著名的预防医学家、医学教育家和社会活动家。

1910 年 12 月，鼠疫在东北流行。疫情蔓延迅速，哈尔滨一带尤为严重。1911 年 1 月，伍连德在哈尔滨建立了第一个鼠疫研究所，并出任所长。一开始，伍连德采取了隔离疫区、控制交通、加强疫区消毒、对个别行业加强卫生监督如屠宰行业等，并发布告示要求百姓喝开水、吃熟食、佩戴“呼吸囊”等一系列预防措施，然而疫情并没有得到控制。

后来伍连德发现，没有妥善处理感染者的遗体是导致疫情恶化的原因，鼠疫通过尸体继续传播。当时，只有两种办法可以阻断鼠疫通过尸体传播，深埋和焚尸。由于当地气温为零下20℃到零下30℃，出现冻土现象，深埋的方式不具可行性。然而，在传统观念下，焚尸简直不可想象。为了更好地控制疫情，伍连德及时上书朝廷，获得了清朝皇帝批准，可对遗体进行火葬。伍连德通过加强铁路检疫、控制交通、隔离疫区、火化鼠疫患者尸体、建立医院收治病人等多种防治措施，这场鼠疫被成功控制。

清政府用高官厚禄表彰其功绩，伍连德不为所动，多次辞去高官厚禄，婉拒各国的邀请，坚持留在哈尔滨，建立鼠疫防疫体系，设立东北防疫总处，以防鼠疫还会再次出现。果然，1920年，鼠疫又来了。他力挽狂澜，很快控制了鼠疫，再次为社会做出卓越的贡献。

伍连德在调研中还发现了东北大鼠疫的真正病原。20世纪初，世界市场对动物毛皮的需求则是引发此次东北第一次大面积的鼠疫灾难的动因。鼠疫的病原不是老鼠，而是穴居在中俄边境草甸，被疯狂捕杀的一种叫旱獭的啮齿类小动物。近年来，旱獭等皮毛制品风靡欧美。在暴利的驱动下，千万满洲流民以捕猎旱獭为生。同时，以旱獭肉为食。鼠疫病最先由病旱獭传染给了这些捕猎者。

100多年前暴发的鼠疫和现今的冠状病毒，其产生的原因可能是一样的。

伍连德是第一、二届中华医学会会长，钟南山是第23届中华医学会会长。

钟南山和伍连德，他们这两位伟大的医学科学家也有一个共同的特点，那就是他们都怀着悬壶济世、医学报国的家国情怀，“虽千万人，吾往矣”的人格力量：为了理想，为了国家，不计名利，终生不渝。

我们应该庆幸，中华民族总是有像他们这样令我们骄傲和自豪的英雄！

第二章　2003挺身抗非

在抗击非典的搏杀中，钟南山院士用他大无畏的献身精神、实事求是的科学精神、拯救生命于死神的博爱精神，告诉了我们，什么是医生的天职。

——《人民日报》

钟南山参加非典新闻发布会

2003年4月26日，当亿万中国人通过中央电视台“东方时空”的特别节目——《面对面》栏目，更详细地了解到钟南山的所言所行时，他们被这位热忱正直、崇尚科学的67岁的院士感动着。

经历了2003年春天的风雨洗礼，钟南山，已经成为人民心目中高高飘扬的一面旗帜，成为民族精神在抗击非典这一特殊时期的象征。

风起不测

现在我们已经很难找到谁是中国第一个非典病人。

我们只知道，他是在2002年11月前后突然出现的。

在广东，人们基本上认为“他”是36岁的黄杏初。他是河源市紫金县柏埔镇人，外出到深圳打工，在一家酒楼当厨师。2002年12月初，他感到身体不适，浑身无力，过了几天又感觉有点发热，烧到三十八九度，他觉得是厨房里热气天天熏的原因，就去医院打了吊针，但未见好转，于是他回到柏铺镇的老家，想休息一段时间。可还是不舒服，就到镇卫生院住了两天，但病情还是加重。于是，他来到河源市人民医院，两天后他被转到广州军区总医院。

根据柏埔镇卫生院的刁少强医生的回忆，黄杏初来看病的时候，已经高烧40多度，面部、颈部充血，全身酸痛。经过诊断，认为是重感冒，就开了退烧药，感冒药，还打了针。可是第二天，他又出现呕吐、干咳等症状。由于不见好转，卫生院建议他到河源医院去诊治。

12月15日，黄杏初来到河源市人民医院，被送到呼吸内科，来时还清醒，但病情发展很快，高烧不退，治疗很不理想，只好在17日把他送到广州军区总医院。从河源转到广州的时候，已是晚上9点，黄杏初已经昏迷了，几乎有一个礼拜才清醒过来，他身上插着管子，不能说话，不能吃东西，不能喝水，他的父亲和妹夫照顾他，用棉签蘸一点水给他润嘴唇。后来，他在河源医院接触的8位医护工作者，先后都有了非典症状。

12月27日，黄杏初病情好转，结束了靠呼吸机维持的日子。2003年1月10日，黄杏初出院，出院单上注明他得的是“重度肺炎”。2月份非典闹得沸沸扬扬之后，黄杏初才知道自己得的是非典，他感到压力非常大，像逃犯一样躲在家里……

2月24日，黄杏初来到广州军区总医院复诊，得知自己可能是第一例报告的非典病例。4月25日，第二次复诊，心肺未见异常。5月22日，在广州军区总医院的安排下，这位中国乃至全球首例报告非典患者与新闻媒体见面，他和家人在医院的安排下做了身体检查和采取血样。黄杏初向医院捐献了150毫升的血，从这些带有抗体的血中提取的血清，将用来治疗其他非典患者和进行科学研究。

广东省疾病预防控制中心流行病防治研究所所长彭国文认为，广东第一个非典病人不是河源人黄杏初，而是2002年11月16日在佛山市禅城区张槎镇弼唐乡发病的一个村委会干部。他45岁，身体一向健康，发病确切时间是11月16日晚，第一次住院时间是11月20日（在佛山石湾区医院），转院时间是11月25日（在佛山市人民医院），痊愈出院是2003年1月8日。

此外，广东中山市一位非典患者的发病时间是2002年12月26日下午，入院时间是2003年1月2日。

关于广州非典，还有一种说法，广州出现的最早一例非典病人是来自广州火车站的一名小贩。他在11月28日入住广州军区总医院呼吸内科，12月28日治愈出院。这名患者是男性，不到35岁，当时是因为高热入院，入院后2天，原因不明的肺炎很快发展为呼吸衰竭，经过一周左右的呼吸机支持治疗后，患者的情况渐渐好转。当时患者使用了当今最有效的抗生素之一——泰能，仍然无法控制肺炎。医院给这位患者下的诊断是“重症肺炎”，后来认为，实际上就是非典。

我们不能足够肯定广东的第一个非典病人是谁，只能对“他”做如下描述：他是男性，三四十岁，社会地位不高，有一定社会接触面（无论是厨师还是商贩），他在 11 月发病。

现在让我们再回到河源。河源市位于粤东北，辖源城区和东源、龙川、紫金、和平、连平等五县一区，距广州 198 公里，总人口 300 多万，本是一个安宁平静的小市。但在 12 月 15 日，紫金县的黄杏初和另一个病人郭杜程先后住进市人民医院后，这里便不再宁静。虽然这两个咳嗽、发烧、肺部有阴影、怀疑感染不明细菌的病人很快都转走了，但曾经接诊过他们的数名医务人员先后出现与他们相同的症状。于是，传言开始诞生。

最早的传言是这样的：河源受一种不明病毒袭击，已有 1 人死于此症，医护人员亦同时患上此病。传言迅速传播，不断被夸大，变成“给病人治病的医生和护士 3 人都已经死了”。

2003 年的第二天，也就是黄杏初他们住院半个月后，恐慌的河源人在河源各大药店门口排起了长队。有意思的是，人们虽然涌到了药店，但根本不清楚应该买什么药，只是跟风抢购一些抗病毒药品，例如罗红霉素。很快，全城药店此类药品脱销，买不到药的人更加恐慌，直到晚上 9 时多，药店关门，还有人在排队。有的家长干脆赶到学校，将孩子接回家“避难”。

河源市疾病防疫控制中心得悉此事，于 1 月 3 日凌晨 1 时紧急给《河源报》传真发表声明，请市民不要听信谣言，河源没发生什么流行病毒，希望市民不要恐慌，不要乱服药，并分析指出，那些天河源天气较寒冷，可能正是这样才使一些人产生了类似咳嗽、发烧等症状。

1 月 3 日上午，河源市教育局一早召开紧急会议，就谣言问题向各校作出解释，希望学校向家长讲明情况，不要恐慌。河源市市长黄煜祯 4 日凌晨 2 时召集卫生、疾病控制等多个部门人员在自家的客厅紧急开会，当天上午在该市创优大会上专门辟谣，请市民不要听信传言。

1 月 3 日起，广州各家报社都刊登了河源出现谣言的消息。1 月 8 日，由广东省卫生厅、广东省药监局等部门共同举办的“健康送万家”公益巡回活动抵达河源，向河源市民赠送了价值 10 万元的抗病毒口服液。河源市卫生部门表示，这批抗病毒口服液将免费赠给感冒患者。并再次澄清：此前有关“河源出现未明病毒”的传言纯属谣传，只是由于近期粤北地区天气寒冷，感冒、肺炎患者有所增加。

在河源抢购药品的同时，广东中山市也发现了染上怪病的病人。中山的病情明显比河源凶险，由于缺乏了解，医务人员并没有及时防护，中山市某医院有七八个工作人员被传染。

谣言很快又在中山传开。从 1 月中旬起，“肺炎流行”的说法蔓延开来，市民纷纷到药房购药用以防备，一些人一买就是几十盒。一盒普通的罗红霉素卖到 10 多元一盒，好一点的则要 28 元一盒，大多数市民一买就是好几百元。中山市最大的药品连锁店“中继大药房”负责人说，从 1 月 16 日开始，前来药店购买罗红霉素的市民便开始增多，17 日达到高峰，其属下的 8 个连锁店有一半出现罗红霉素脱销的局面。

在河源、中山发生“异变”的时候，广州相对还算平静，尽管当时已经有些医院接受了非典病人，明白了它的严重传染性，但由于这些病人基本上来自外地，看起来似乎广州还问题不大。不过，过了春节，广州的情况其实已经很严重了，由于媒体没有及时报道，谣言很快波及了整个广州城。

从 2 月初起，传染病谣言开始在广州传播，比较典型的版本是：春节期间从顺德、中山传进广州一种怪病，首发症状是发热，胸片呈肺炎性病变，潜伏期很短，一天就发病，很快会发展成呼吸衰竭，该病无药物医治，已经造成多名病人死亡。最令人恐慌的是这种病的传播途径，只需和病人打个照面，或是同乘一辆公交车都可能被传染。更为恐怖的说法是，某医院的十几名接触过病人的医护人员全被传染，上午得病，下午透视显示肺部全是白点，晚上抢救无效死亡。禽流感、鼠疫、炭疽等猜测，说得有板有眼，一时成为人们手机短信、电子邮件、电话的主要内容。

谣言从广州出发，再向深圳、珠海、东莞等珠江三角洲其他地区蔓延，随后又向海南、福建、江西、广西、香港等邻近地方传播，北方省市也有传闻——“珠江三角洲、广州爆发夺命肺炎”。

春节一上班，广州市场防感冒、抗病毒类药物异常走俏，各大小药店、医院、医药公司和药厂的板蓝根制品和其他抗病毒类药品接近脱销。头孢拉定、利君沙、清开灵等其他抗菌消炎药物，清热解毒的中草药以及凉茶也都成了抢手货。一些药店乘机提高了药价，板蓝根原来一包 8 元，有的卖到 40 元。抗病毒口服液原来只卖十几元，有药店提价到 130 元。

因为白醋有杀菌功能，广州街上不少市民都手拎着一瓶瓶的白醋，平日只卖两三元一瓶的白醋涨价 5 倍至 10 倍。广州致美斋门市部前甚至排起了买醋长龙。买醋的市民说，准备按照专家建议回家煲醋杀菌。在东兴南路的食品批发市场，一家店铺的老板告诉前来采访的某报记者，现在到厂家已经拿不到货了，他现在是在“炒醋”。

广州的这种慌乱情况扩散到珠江三角洲。请看当时记者报道的小标题：

“深圳有人买醋 300 瓶一些市民竟买罗红霉素送朋友”；

“珠海板蓝根 10 元一包陈醋批发价狂涨 4 倍”；

“东莞百元难寻白醋踪物价局告诫商家莫趁防病‘打劫’”

……

谣言甚至影响到了海南。受“广州怪病”影响，海口、五指山、定安、屯昌、澄迈、三亚等地出现了板蓝根、醋精及其他可以预防感冒的药品的抢购潮。海口多家大药店，本来只有 5 元左右一包的板蓝根，价格竟涨到 100 多元一包。

在 2 月 10 日前的那段日子，广州各大媒体接到的咨询电话是日常的 10 多倍，有提供病情信息的，有反映抢购有关药品的，有咨询、核实病情传染情况的，有指责、抱怨报社未及时报道的。为了购买药品，广州很多单位甚至纷纷向外省求救，要求用空运方式最快地运送有关药品和保健品。

广州，乃至整个广东地区，一时间仿佛六神无主，人心惶惶。

谣言平息出现在广州的严重局面一直持续到2月11日。

这天上午，广州市政府召开新闻发布会，时任广州市卫生局局长的黄炯烈对广州地区发生非典型肺炎病例的情况向传媒作了通报。按照他的说法，“2002年年底，广东省部分地区先后出现非典型肺炎病例。从2003年1月12日起，个别外地危重病人转送到广州地区部分大型医院治疗。春节前后，广州地区开始出现本地病例。截至目前，广州市共发现100多例该类病例。”“现有病例均已得到妥善治疗，绝大多数病人的病情已得到控制，截至2月9日，在广州市发现的该病例中共有2例死亡。”“目前，该病在广州市已发生了一个多月时间，所有病人的病情均在有效治疗和控制之中，群众不必为此恐慌。”“一旦出现该类症状，请及时到就近医院诊治。”在谈到谣言时，他有些愤怒地说：“请市民切不要听信社会上的各种谣传，以免给自己带来不必要的苦恼和不便。”

“所有病人的病情均在有效治疗和控制之中”，黄炯烈胸有成竹。

不过，“在广州市已发生了一个多月时间”的病情和谣言，不可能只靠一次发布会就能烟消云散。

2月11日下午，广东省卫生厅召开新闻通报会，通报广东省非典型肺炎的有关情况。出席通报会的除了广东省卫生厅三位领导，时任厅长的黄庆道、时任副厅长冯鎏祥、时任副厅长王智琼，还有三位专家，中国工程院院士、著名呼吸内科专家钟南山，广东省疾病预防控制中心副主任许锐恒，广州军区总医院副主任医师黄文杰。

据黄庆道介绍，从2002年11月16日至2003年2月9日下午止，广东省发现305例非典型病例，其中，医务人员感染发病共105例。非典型肺炎病例在广东省内的广州、中山、佛山、江门、河源、深圳六个地市出现。其中广州发生226例、中山28例、佛山19例、江门15例、河源11例、深圳6例。到目前为止，死亡的人员中最小的是广州市一名10岁男童，最大的是佛山一名59岁的男性。

黄庆道还介绍说，广东首例非典型肺炎去年11月16日发生在河源，当时只是个别的病例，但随后中山同时出现了几起医护人员受到感染的病例，在接到中山市的报告后，广东省卫生厅高度重视，迅速派出专家调查小组到中山调查，并在1月23日向全省各卫生医疗单位下发了调查报告，要求有关单位引起重视，认真抓好该病的预防控制工作。

轮到钟南山发言了。他戴着金丝边眼镜，穿着黑色西服，显得坚定而沉着。

他说，该病目前还没找到确切的病源，但从临床角度看，该病有可能是由病毒引起的，也有可能是病毒的亚型或变种引起的。从发病情况来看，该病与以往感冒病毒引起的疾病不一样，它引起肺炎的机会比较大，如果不认真注意的话，感染的比例会比较大，所以一定要保持环境的通风，这是最重要的。目前对于患者的治疗都是采用“对症下药”的方法。

在新闻发布会上，有记者问钟南山：“社会上传言，此病十分凶险，一旦感染便会在短时间内死亡，实际情况如何？”

钟南山回答：“可以肯定地说，绝大多数病人是可以治愈的。从11月份发病以来，我们一直处于防治这种疾病的第一线，接触了大量的病人，如果像市民传说的那样可怕，我本人恐怕早就被传染了。”他再次指出，“应该承认，这是一种比一般肺炎严重的肺炎，若不及时发现，未加重视，就可能出现危险。”

这天，成千上万的广州人放下手头正在做的事情，在电视机前收看了这场情况通报会。

“非典并不可怕，它可防、可治、可控。”钟南山说。

2月11日那天中午，时任中共中央政治局委员、广东省委书记张德江亲自来到省卫生厅，听取有关汇报。后来，他在一个场合说：“我的决策都源于钟南山等专家的研究，源于对疫情发展过程的仔细分析。离开了大家的实践，张德江什么都不是。”张德江2002年11月23日才从浙江调任广东，没多久就遭逢非典风雨，几个月下来，他瘦了6斤多。他说：“瘦是应该的——广东受此大灾，我心里难过，睡不好啊！”

在抗击非典取得阶段性胜利后，广东省原委常委、宣传部部长钟阳胜说："我们广东有两个著名的抗非典专家，一个是工程院院士钟南山，医学专家；另一个是张德江书记，决策专家。"

从一开始就尊重科学，尊重事实，这是广东抗击非典的一个重要经验。

时任广东省省长黄华华后来回忆说："省委、省政府非常重视专家的作用，专门成立专家领导小组，在重大决策之前，都要听听他们的意见。对这个病一开始就发挥专家作用，到底这是什么病？怎么诊断？用什么方法检测？怎么确诊？能采取什么办法治疗？这一整套的东西，全部都是专家指导搞出来的。尽管我们有的时候不太懂，但是我们可以给他们支持，经常过问了解，像病原的这些分析，专家们坚持实事求是，省委、省政府支持鼓励他们实事求是，争取最后胜利。所以广东能够比较快地制订出一整套行之有效的治疗方案，这主要是充分发挥了专家作用，现在看来，这对整个非典的防治做了很大贡献。"

从2月12日起，通过新闻媒体的报道了解了有关情况后，广州的谣言开始驱散。

在新闻媒体的澄清下，广州市场渐渐恢复正常。

2月11日那天下午，钟南山第一次出现在新闻媒体的眼前。他的从容镇定和专业知识，给人留下了深刻的印象。不过，人们当时并不知道的是，为了"可防、可治、可控"这个结论，钟南山带领呼研所已经整整拼搏了40多天。

在这之后，钟南山领导他的团队继续冲锋在抗击非典的最前线，他的形象也由广东而北京，呈现在全国人民面前。

从2002年12月下旬开始，67岁的钟南山，开始了他人生中极壮阔、辉煌的一页。

遭遇战拉开帷幕

黄华华说："广东和非典的第一个战役是遭遇战，在春节前，这个病到底是什么病，我们不知道，在不知道的情况下碰着了，就叫遭遇战。”

2002年12月22日，广州医学院第一附属医院呼吸疾病研究所（以下简称“广医一院呼研所”）收治了一名从广东河源转来的特殊的危重肺炎病人。之所以说“特殊”，是因为病情十分奇怪：病人持续高热、干咳，肺部经X光透视呈现“白肺”（即双肺部炎症呈弥漫性渗出，阴影占据了整个肺部）。使用各种抗生素治疗均毫不见效。

两天后，从河源传来消息：当地一家医院救治过该病人的8名医务人员均感染发病，症状与病人相同。

医生们震惊了。钟南山也震惊了！作为广东医疗卫生界首位中国工程院院士、呼吸疾病研究所所长，在呼吸道疾病、特别是慢性支气管炎与哮喘病诊治方面的国际级权威，广博的知识与多年的临床经验告诉钟南山，这是一例非常值得关注的特殊传染病。

钟南山马上提出，要将情况报告给广州市越秀区防疫站，同时要求做好一定的防护隔离工作。

从一开始，钟南山就想到了“防疫”。

河源的问题引起了广东省卫生厅的关注。时任广东省卫生厅厅长黄庆道回忆说：“1月2日，我们接到河源市卫生局的报告，说河源市人民医院有8个医务人员收治了两个病人，病人送到广州后他们都发病了。1月2日上午得到这个消息后，2日下午我们就派专家去给他们会诊。会诊后，病人的病也就好了，所以就没有引起我们的高度重视。”

广东省卫生厅派出的专家由广医一院呼研所副所长肖正伦教授带领。1月2日晚，他们来到河源医院，从10例感染的医务人员中明确诊断有8例是患上了“不明原因肺炎”。为了做进一步研究，回来时，肖正伦一行带回了这些病人的一些标本，如痰液、鼻液、呕吐物等，并对这些标本开展研究。

广医一院收治的那个病人，最后被确诊为非典型肺炎。

“怪病”，又是“怪病”。2003年1月21日，钟南山接到广东省卫生厅通知，前往中山市两家医院调查。根据中山市的报告，他们那里也出现了类似河源的“怪病”与医务人员被感染的情况。

钟南山充满忧虑地说：“看来情况是越来越严重了，当务之急应该弄清这种病的症结所在，找到预防与治疗方法。”

钟南山、肖正伦等专家在中山夜以继日地工作。调查情况印证了钟南山的预感：这是一种人类历史上从未见过的传染病，临床表现与典型肺炎不同，呈非典型肺炎症候。病人主要表现为高热、干咳、呼吸困难等肺炎症状，如抢救不及时，病人容易死于呼吸衰竭或多脏器衰竭。疾病的传播途径仍不十分清楚，初步考虑为近距离飞沫传播或密切接触。结合广医一院接收病人的治疗情况，联想到去年 11 月佛山出现的类似病例，很快，专家小组将一份涉及该病诊断、治疗、预防的《关于中山市不明原因肺炎的调查报告》送达广东省卫生厅。

这是广东也是中国第一份关于非典型肺炎的报告。报告的主要内容是：

诊断：非典型肺炎（病因未明，病毒性感染可能性大）

治疗原则：酌情使用皮质激素等预防措施：隔离病人，病房通风、换气，消毒专家组指出，此病可能通过空气飞沫传播。

接到专家组报告的第二天，广东省卫生厅就出台了第二号文件：《关于印发省专家组关于中山市不明原因肺炎调查报告的通知》。通知提醒各治疗单位学习掌握调查报告中的治疗方法。

这个时候，广东省卫生厅对于非典已经高度重视，马上部署了相应工作。其中之一，就是任命钟南山为广东省非典型肺炎医疗救护专家指导小组组长。

山雨欲来风满楼。钟南山被历史的机缘推到风浪前沿。

临危请命

过完春节，广州感染非典的人数急剧增加。多家医院面临严峻考验。

一名“毒力”特强的非典病人，在三家医院陆续“毒”倒超过 60 名医务人员，其中包括运送他的救护车司机。这名司机被先后送进了中山二院 ICU（重症监护室）和广医一院呼研所 ICU 抢救。

当时的中山二院副院长黄子通对抢救司机的情景难以忘怀。那是 2 月 10 日，当天空调正好坏了，密闭的 ICU 里空气特别闷热。司机病情急转直下，呼吸困难，严重缺氧，全身发紫，必须马上动手术把气管切开，接上呼吸机辅助呼吸。麻醉师、护士、医生一一就位，从喉咙切开气管，将输氧管慢慢送进司机的肺里。司机因生理反应剧烈咳嗽，血和痰通过输氧管逆行喷射出来，喷在天花板上，喷在身边十几名医护人员的身上、脸上和眼睛里。直接从肺部喷出血痰最“毒”，但所有在场的医护人员都没时间顾及个人安危，他们密切配合着吸痰、打镇静剂、插管、再插管、上呼吸机。最终，司机的脸色由苍白转红润，现场医护人员的白大褂和口罩则被血痰染成斑斑鲜红。

2 月 16 日，是中山二院 ICU 历史上最惨痛的日子。以副院长黄子通为首，10 多名参与抢救司机的精英陆续倒下，人员重创。ICU 几乎陷于瘫痪状态，不得不在 2 月 18 日暂时关闭、消毒、装修。

事情并没有结束。2 月 18 日下午，司机再次出现险情。广医一院呼吸所 ICU 派出两位女医生到中山二院会诊后决定：马上将他转送院抢救，否则可能捱不过当晚了。

由于找不到担架工，呼研所的两位女医生刘晓青和陈思蓓合力将 80 公斤重的司机抬上救护车。面对这位感染力强大的病人，ICU 当值的 9 个医护人员没有一个退缩，为他重建新人工气管。病人喉咙的旧伤口上，紧紧贴着沾满血污的棉纱，当护士进行手术前清理时，他整个颈部一直不断地渗出血和痰液……

抢救完这名病危的救护车司机后的第二天下午，进行鼻腔插管操作的年轻女医生陈思蓓就发烧病倒了。

陈思蓓已经是广医一院呼研所 ICU 病倒的第二批医护人员，和她同一批病倒的还有年轻的徐远达医生，在他们之前，第一批病倒的何为群医生等已经躺在病床上。接替她们上的第三批医护人员是从医院其他科室紧急抽调过来的，在为另一位危重病人插管时又倒下两个医生、两个护士……病倒的医护人员经过治疗，康复出院后又再次投身 ICU 的“火线”。

在最危难的时刻，广州地区的重症非典患者陆续来到钟南山领导的广医一院呼研所。除了那位司机，多器官衰竭的加拿大籍青年从深圳转送过来，中山二院、中山三院、广州市第八人民医院、市二人民医院、儿童医院等医院的重症患者转送过来……

为什么他们都要来到钟南山这里?

因为这里是非典救治的技术核心与攻坚重地，更因为钟南山临危请命：“把最危重的病人往我们医院送。”

春节前后，钟南山最紧张的一段日子。后来有记者问他：“你面临的最大压力是什么？”他坦言：“我面临的最大压力恐怕就是对这个病的无知，一个是诊断不太清楚，第二是治疗办法不多，所以这个压力是最大的。”

当时，社会上传言最多的就是，这个病医生都治不好，都在传染。

黄华华说：“医务人员感染，老百姓紧张，说你医务人员都没办法，我们怎么办？当时真的是整天睡不着觉，感到责任重大，疫情如火，人命关天，特别难熬。”

黄庆道说：“医务人员保护好了，不仅是防治非典的技术力量，更重要的是要稳定整个社会。群众可以看到，医务人员不再感染了，就可防可治了。”

为了降低医务人员的感染率，广东省卫生厅购买了 201 套医院用的空气清洁器，加强医院的空气消毒工作，还从英美等国紧急购买了 150 套防毒面具，每套 600 美元，供一线的医务人员使用。

钟南山的内心也十分焦急。但是，他更把压力变成了动力。面对个别医务人员的顾虑，钟南山说：“医院是战场，作为战士，我们不冲上去谁上去？”他向省卫生厅主动请缨：“鉴于呼研所的技术力量，同时考虑到危重病人有较强的传染性，应集中治疗。把最危重的病人往我们医院送！”

“这是需要我们站出来的时候，不能有丝毫犹豫，因为我们是医生，这是我们的职责。”钟南山对他的同事说。

但是，做出这个决定无疑需要很大的勇气。第一，当时病因不明，谁都没把握治好病人，治不好就等于砸了自己的牌子；第二，当时已经明确该病具有极强的传染性，病情越重，传染性越强。

钟南山没有考虑这些。他对全所同志说，“考验我们的时候到了，我们本来就是研究呼吸疾病的，最艰巨的救治任务舍我其谁？”

危重病人的来临给呼研所增添了前所未有的压力。这些病人或合并感染，或多器官衰竭，治疗工作相当繁重，一个病例资料就相当于平时一个普通病区全部病人资料的总和。

面对危重病人，钟南山身先士卒，全力以赴投入工作。他亲自检查每一个病人，制定治疗方案，甚至抓起人工气囊为病人输氧。春节时，他的两年没有见过的小孙子从新西兰回来，却总是见不到亲爱的爷爷。因为钟南山的整个春节都是在会诊和指导救治的忙碌中度过的，连除夕和元宵节都坚守在治疗一线。

为了搞清楚非典的规律，钟南山自己都不知道看了多少病人。2月15日，他参加抢救一位呼吸衰竭的病人。当时呼吸机正在调试中，他看到人手不够，就自己上前帮忙将患者从车床推到抢救床上，并用简易人工气囊给病人做人工呼吸。病人家属后来才知道做这些“体力活”的，竟是大名鼎鼎的钟南山。有一个家庭，5口人有4人感染，大儿子情绪非常不稳，经常从隔离病区冲出来，说要见他太太，他舍不得他太太。钟南山就亲自去做思想工作，平定他的情绪。

为了联络方便，原本平时很少使用手机的钟南山24小时开机。广州市大小医院，凡是收治了非典型肺炎病人的，只要有请求，他都随叫随到，悉心指导。有时甚至连呼研所的同事们都不知道他的行踪，因为他实在太忙，常常一个求救电话打来，只要手边暂时没有其他大事，就立刻出发，身边人都来不及通知。

在广医一院，许多医务人员说：“谁都有个家，钟院士心中有个‘大家'。"钟南山懂得，要取得抗击非典的胜利，必须有一支强有力的医务队伍。他以自己独特的方式来凝聚这支队伍。

早期危重的非典病人，病情重、传染性强。在抗击非典的初始阶段，由于医护人员与病人"密切接触"，往往是抢救一个人，放倒两三个医务人员。广医一院有20多位医务人员感染得病，同时还收治了许多兄弟医院的医务人员。钟南山的心时常揪得疼。"这个时候不能再让医务人员倒下。倒下的要让他们尽快康复。"每天不管多忙、多累、多晚，他必定要到病房走几趟，除了看病人外，还要了解每一位同事的身体状况，检查每个医护人员的隔离措施是否到位。

ICU的护士们说："没有谁比得上钟院士更细心周到了。看见我们口罩戴得不规范，他马上走上前纠正错误。"对患病医务人员，他每天都要送上问候，即使出差在外，也不忘打电话问候患病医生的病情。ICU病房医生郑则广感染得病，情绪不太稳定，钟南山在外开会得知后，立即用手机发来信息："感觉怎么样？不要灰心，我们都在支持你！"医生何为群因抢救病人感染住院，间有晕眩。一天，钟南山在巡视病房后，突然走到病床边向她祝贺：

生日快乐！原来，钟院士记得今天是她的生日。一时间，小何感动得热泪盈眶……

作为当时的广东省非典型肺炎医疗救护专家指导小组组长，钟南山还要经常到兄弟医院指导救治工作。面对病人，他总是亲切地询问病情并亲自检查。医生护士们向记者反映："当时社会上谈虎色变，许多病人情绪低落。钟院士是想通过细致入微的诊疗为病人树立信心。无论钟南山出现在哪家医院，病人都觉得快乐和放心。他一出差，病人就会着急地问：钟院士什么时候回来？"

钟南山实在太忙了。他参加会诊，出席讲座及各种指导活动，曾经一连38小时没合过眼！由于过度劳累，他病倒了。2月18日下午6时，钟南山检查完病房，看望了一位住院的同事之后，突然感到全身乏力，身上发烫。

钟南山知道，此时此刻自己绝不能倒下。坚守在岗位上，就是病人和医务人员的希望。

在医院住了一晚之后，他偷偷跑回家，以家为病房，进行自我治疗。在夫人的悉心照料下，钟南山两天后就退了烧。稍微休息两天，他又活跃在病房。即使在休息的日子里，他也没有放下手中的研究和工作。ICU 护士长谭婉媚说，“那天，我敲开钟院士的家门，看到屋子里坐满了院领导。钟院士正和他们讨论救治非典工作。他把办公室搬到了家里！”

用事实说话

钟南山深知社会安定的重要性。他认为，要保证社会的稳定，就要用事实说话，用科学说话，用治疗效果说话，让病人尽快康复。

广医一院收治的第一个非典病人于 2002 年 12 月 22 日被送来，当钟南山听说 5 天过去了，还找不到病因，就亲自会诊。在暂时不能确定病因的情况下，根据多年的临床经验，他决定采取无创通气等疗法缓解患者的病情。

“非典型肺炎发病急，病情变化快，而且规律很难摸索，再加上我们没有现成的治疗经验可以参考，一切都只能从头摸索，这是我们刚刚开始这项救治工作时碰到的最大难题。”当时钟南山的助手、广医一院负责重症监护室的黎毅敏副院长说。

突破口在哪里？呼研所通过非典患者死亡病例的尸检发现，非典型肺炎病人的病理机理主要是“肺硬”，即肺组织纤维化。要治疗好非典型肺炎患者，必须解决肺的纤维化问题。

为了攻克难题，钟南山成立了以肖正伦、陈荣昌、黎毅敏为骨干的老中青呼吸疾病专家组成的攻关小组。他们只有一个信念：只要有 1%的希望，就要尽 100%的努力抢救每一个病人。老中青三代专家不断就病人的病情进行探讨，严密观察病人的变化，细致地记录各种可供研究的参数。医生们不论谁是“师傅”、谁是“徒弟”，一有时间，连觉也顾不上睡就忙着翻阅各类资料文献、上网搜索，只要能从中查找到一点关于这种疾病治疗方法的“蛛丝马迹”，就马上召集大家研究讨论。

探索是艰辛的。钟南山经常夜不能寐，书房的灯光亮彻通宵。在钟南山他们的记忆中，试行了多少方案谁也记不清了。

终于，他们找到了突破口：当病人肺部阴影不断增多，血氧监测有下降时，及时采用“无创通气”方法给予呼吸支持，病人的氧气吸入量就会增多，能较好地改善病人症状；当病人出现高热和肺部炎症加剧时，适当给予皮质激素，从每日 80 毫克至 500 毫克不等，能有效地减轻肺泡的非特异性炎症，阻止肺部的纤维化病变；而当病人继发细菌感染时，必须有针对性地使用抗生素。

实践证明，这是一套行之有效的救治方法，大大提高了危重病人的抢救成功率，危重病人的抢救成功率达到 87%，降低了死亡率，且明显缩短了病人的治疗时间。两名双肺渗出病灶弥漫、生命垂危的非典型肺炎患者，经过这些方法抢救，第 5 天成功脱离了呼吸机。病人经后期进一步对症治疗，肺部拍片非常清晰，没有留下任何痕迹。

奇迹出现了。钟南山和攻关小组上报广东省卫生厅。卫生厅组织专家讨论，修改完善，2003 年 3 月 9 日以《广东省医院收治非典型肺炎病人工作指引》的名义下发各地市与省直、部属医疗单位。

对于“发病后如何缩短病程、如何减少死亡率”的探索，钟南山这样总结：

第一，在急性发作期，特别是有高烧，有肌肉疼痛的时候，采取中西结合，特别是中医的一些清热解毒方法，减轻症状；

第二，当病人病情发展到一定程度的时候，及时地使用类固醇或者皮质激素，预防肺发展为纤维化，以及更严重的呼吸衰竭；

第三，在发现病人有比较明显缺氧的时候，应该采用人工通气的办法，但是首先不采用插管或者是气管切开来通气，我们采用无创的鼻罩或者面罩来通气，这个方法也证实了很有效，很多病人都过关了

第四，因为这种病人发病以后，他的抵抗力非常低，很容易产生二重感染，所以要及早地预防这些感染，这是一个减少死亡率的重要因素。

《广东省医院收治非典型肺炎病人工作指引》的出台，成为广东抗击非典战役的一个转折点。

在以钟南山为代表的广大医务工作者的努力下，广州非典疫情渐渐被压制住了。

在广州市卫生局的领导统筹下，除了广医一院呼研所，广州市第一人民医院、第八人民医院、胸科医院等都行动起来，精诚合作，组成抗击非典的“同盟军”。市一人民医院在短短1天半的时间里设立起临时病区，专门接受被感染的医务人员，呼吸科主任赵子文在为患者插管时，与病人脸对脸距离只有20厘米；市八人民医院也叫传染病医院，在接收非典病人高潮时期，短短几天就涌来150多人，病区的医生护士每天不知道走了多少路，脚上打了多少泡；胸科医院内科重症监护室主任陈洪光从2月9日医院收治第一例非典病人那一天起，两个多月，常常忙到半夜，有时在病房里一待就是10多个小时，不幸感染病毒，以身殉职。正是他们的忘我拼搏，才换来了抗击非典斗争的阶段性成果。

4月11日，广州市科技局非典型肺炎协作攻关小组举行广州地区非典型肺炎病原研究进展发布会。在会议上，钟南山介绍说，到4月10日，广东传染性非典型肺炎的发病人数为1239人，其中1月368人，2月688人，3月364人，截至4月10日，发病人数仅为86人，跟3月份同期发病人数的146人相比，呈明显的下降趋势。以广州医学院第一附属医院为例，共收治了危重病人54例，成功治愈的有47例，死亡病人7例，在死亡病例中，4人转到广医一院时已属晚期，3例则有严重的基础病。所有病人平均住院为17天，治愈率为92.1%，死亡为3.5%，3月份以后极少出现死亡，绝大部分的病人能治愈。

钟南山还指出，《广东省医院收治非典型肺炎病人工作指引》《广东省公共场所预防非典型肺炎工作指引》和《广东省学校及幼儿园预防非典型肺炎工作指引》，有力地指导各地的非典防治工作。让广大人民群众了解、认识非典是十分重要的，这是我们的责任。只有这样，才能使我们更好地做好非典的预防和治疗工作，才能使我们以冷静的态度对待这种疾病，才能使我们懂得非典并不可怕，关键是必须积极预防和彻底治疗。

他总结说，广东防治非典型肺炎主要有三点经验：一是重视流行病学、病原学、临床医学的信息交流，最早提出了非典型肺炎的传染性与家庭、医院聚集性两大特征；二是总结出四项有效的临床治疗经验：中西医结合治疗、按需适当地使用大剂量皮质激素、无创通气和重视继发感染；三是及时将危重非典型肺炎患者集中到专科医院，从而减少传染机会，并提高了抢救成功率。

有数据，有理论，有案例，钟南山一出山，总是能增强人们的安全感。

作为一名医学专家，钟南山始终坚持实事求是。广州防治非典成绩显著，有关方面总结为“五早”（早诊断、早隔离、早治疗、早用皮质激素、早上呼吸机）。钟南山认为，用这五个“早”来形容广州的非典治疗不够科学，他比较赞成前“三早”，但“早用皮质激素”和“早上呼吸机”则值得商榷，因为这两种方法都不应该滥用。他提出，除了前面的“三早”之外，应将后面的“两个早”改成“三合理”：合理使用皮质激素、合理使用呼吸机、合理治疗合并症。

“我们之所以能有这样的成绩，经验主要在于‘三早’和‘三合理’。”钟南山表示。

“三合理”是广医一院呼研所在具体的治疗过程中摸索出来的经验。“合理使用皮质激素”是指当病人的肺部出现渗出、纤维化等改变时就应该及时使用皮质激素，但这绝不等于乱用，要针对很多具体的情况进行判断。“合理使用呼吸机”，指的是无创呼吸机，有的医院可能选择在病人病情非常严重的时候才给他们进行插管，而且插管是有创的，这样不但会加重病人感染的机会，也增加了病人的痛苦，因此只要病人出现适应症，就应该给他上无创的呼吸机，也就是面罩或鼻罩等。至于“合理治疗合并症”指的就是有针对性地对病人出现的并发症用药，抗生素要有针对性地用。

坚持实事求是，是需要勇气的。关于病因，有人怀疑是衣原体感染。

但根据以往的经验，假如是衣原体感染，患者应该有上呼吸道炎症。为了作出准确判断，钟南山亲自观察病人的口腔，得出所有病例均无上呼吸道感染的结论，对广东及时制定救治方案提供了重要的决策依据。

对病人早期使用皮质激素，这与传统治疗肺炎的方法是相反的。但钟南山从实践中发现，如果这时不用，患者肺部就会纤维化。

再如，在给病人无创通气时，钟南山提出通气也不能按常规，要小容量通气。因为此时患者肺已经硬了，按常规通气，通气量多，肺容易破。

事后证明，钟南山提出的这些不循常规的措施都非常有效。有人担心这样做太冒险，会毁了“一世英明”。钟南山却很从容，他说：“最早提出要进行大剂量皮质激素治疗的时候，当时是有很大的冒险性，同时有很多医生有不同的看法。但是根据我们的病例和临床经验，我要提出来。这是需要果断的判断，不能三心二意。除了依据之外，我天天都在观察，假如说是错误的，我也可以改过来。不像手术，一刀下去，错了就没治了。后来情况不断好转，就坚定了自己的看法。”

勇敢探索，却并不盲目，从不意气用事。钟南山始终在把握着那个微妙而高深的“度”。

4 月 3 日，世界卫生组织专家小组一行 7 人在广州迎宾馆听取广东专家的情况汇报。那是一个空气潮湿的星期四，世卫组织官员一到广州，第一时间就要求与钟南山见面。刚从日本参加完学术会议并在香港做关于非典型肺炎治疗讲座的钟南山，代表广东省非典型肺炎医疗救护专家指导小组进行了 40 分钟的汇报。曾在伦敦留学两年的钟南山用流利的英语侃侃而谈，旁征博引，有理有据，实事求是。这位中国院士的发言，令世界卫生组织专家连连称道！

他们认为，世界卫生组织希望得到的治疗非典型肺炎的经验在广东找到了。这在全世界是独一无二的。统计资料显示：目前广东非典型肺炎的治愈出院人数已占总报告病例数的 86.3%，死亡率仅 3.7%，是世界范围内对非典治疗成绩最好的地区之一。

一个星期后，即 4 月 10 日上午 10 时 30 分，在国务院新闻办举行的记者招待会上，钟南山回顾起与世界卫生组织专家小组成员短短数天的交流时，这样评说：

“作为一个医生，我觉得这次跟 WHO 合作以及交流是很愉快的。我们实际上是共同交流了三方面的问题：首先是对病人的诊断和治疗问题；第二是有关流行病学的一些规律；第三，病原学的探讨。非典型肺炎到目前为止，50%以上的病人都发生在广东。WHO 对广东是怎么诊断和治疗的，特别是早期治疗，降低死亡率方面，非常感兴趣，我们做了很好的交流。短短的 5 天，我们建立了很好的关系，我们跟几位 WHO 的同事们希望以后建立更密切的联系，我们的目标是一致的，面对人类的疾病，我们能够共同找出解决早期诊断和治疗的方法。”

世界卫生组织专家组说，以钟南山为首的广东专家摸索出来的治疗经验，对全世界抗击非典型肺炎有指导意义。

众志成城

白炽的日光灯，无菌的空间，奔忙着白色身影。

有的医生在为危重病人做纤维镜吸附，把病人气管里的积痰一点一点地吸出来；护士拿着病情记录匆匆走过病床的时候，会习惯性地扫视一眼监护屏幕；有的护士忙着为病人擦洗身体、清理吸氧和呼吸设备……从接诊第一个非典病人起，广医一院呼研所重症监护室就处在了战斗状态。

这里是全广东最危重、传染性最高的非典患者病区。

这里是钟南山的大本营。

呼研所背靠两级党委，广州医学院党委和广医一院党委。自非典袭击羊城开始，两级党委就将抗击非典作为一切工作的“重中之重”。时任医学院党委书记翁宗奕、院长陈敏生等党委领导多次亲临抗非典第一线，布置指导，调动资源，鼓舞士气。时任广医一院党委书记常青、院长叶广春、副院长赖永洪等全体领导更是视医院为家，始终战斗在最前沿。

在两级党委和钟南山的鼓舞和带动下，呼研所的医务人员像尖兵连的战士一样在一线冲锋，救治每个重症患者就像战士炸碉堡。在前赴后继的战斗中，呼研所一共有 26 位医务人员被感染。尽管如此，没有一个人逃避，没有一个人后悔。一些感染后治愈的医务人员重新披挂上阵，还笑言自己有了抗体，“百毒不侵”。

钟南山给全所人员慈父般的关爱。何为群是所里第一位感染非典的医生，她回忆 2003 年 1 月底感染住院的经历时说：“我住院的第二天，钟所长就打电话来询问情况。两天后，我的病情加重。钟所长当时在出差，连夜给我制订了治疗方案。对于每一位患病的医生，他都要一一听诊、看望。”

正是在钟南山的人格魅力感染下，呼研所的全体医务人员，勇敢地冲锋陷阵。

呼研所有 6 名专家是省市防治非典型肺炎工作专家组的成员。

黎毅敏是著名的青年 ICU 专家，重症监护和抢救是他的“拿手戏”。他经常指挥抢救。

除了会诊，他最多一天曾经接到过 120 多个打来咨询的电话，待他用光了两块手机电池，逐一回答完市民和病人们的问题，自己的声音已经沙哑了。到现在还得天天吃药。

肖正伦教授从 1 月 2 日到河源会诊起，几个多月来，他跑遍了中山、顺德、东莞、江门等地，生性乐观的他自嘲“这回可是好好减肥了”。

“在医院查房时就接到会诊电话，我先在中山二院看了十几个，然后转到市八人民医院，最后到中山。回到广州时，已经是夜里 1 点多了。”这是当时呼研所副所长陈荣昌教授的工作日志。他唯一感到遗憾的是没有时间去照顾卧病在床的老母亲，年前母亲就因病住院了，但自从抗击非典的战役打响之后，他再也没时间陪她了。有一天，赶到市胸科医院支援的陈荣昌帮助抢救一名 20 来岁的打工妹病人，万万没有想到，当陈荣昌用显微镜帮她清理胃液的时候，病人出现胃液反流。在强大的压力下，大量的胃液夹杂着带有病毒的痰液沿着插管喷涌而出！一下子，陈荣昌的脸上、额头上、眼睛上全被沾上。时间就是生命，抢救不能延误。

陈荣昌没有退缩，草草清洗之后，又回到了病房。

早在参加河源第一例非典病人在广州军区总医院的会诊后，陈荣昌就一直感冒发烧，鼻腔也开始出血。他开始怀疑自己染上非典。但省里、市里还有那么多病人等着他去会诊，那么多的医院等着他去指导，在明确不是非典后，他顾不得休息，继续奔走在各大医院之间。

一个星期过去后，烧终于退了，他才彻底松了一口气。他对同事们说："我并不害怕自己被感染得病，我只是担心自己病了没法工作，我要是躺下了，那么多的病人怎么办啊？病人现在最需要的就是我们！"陈荣昌是广州市非典型肺炎临床治疗专家组组长，在他的日历上，已经有几个月都没有休息日了。

呼研所 ICU 副主任刘晓青长时间很晚回家，其年幼的儿子非常想念妈妈，经常打电话到办公室问她："妈妈，你什么时候才能回家啊？"刘晓青却无言以对。就是这位女将，和陈思蓓一起用担架把中山二院的那个司机接了回来。晚上 9 点多，抢救一结束，刘晓青就浑身发软，连回家的力气都没有，也害怕感染家人，也不敢回家。当晚就在医院度过了一夜。

第二天 11 点多，病人呼吸机的气管突然漏出，危在旦夕。抢救人员决定采取同时插两条气管的方法：先从鼻腔进一条气管，然后把切开口的血和分泌物擦净，再放入另一条气管。

在插管过程中，由于病人情况不稳定，不时剧烈咳嗽，血性浓痰从切口处喷涌而出，沾在大家的手上、脸上。谁都明白这样的痰液有剧烈的传染性，但大家更明白，如果稍有退缩，抢救失败，病人的生命就将终结。经过持续、紧张、有序的抢救，几个小时后，气管终于成功插入，病人的生命再次从死神手中夺了回来。

大年初一，呼研所的护士长潘瑶的奶奶溘然辞世。奶奶一手拉扯她长大，是她最亲爱的人。但她没有向任何人提及，挽着黑纱，每天仍认真地工作着。

在 ICU 工作的徐远达，从接到河源病人起的几个月，天天待在 ICU 抢救病人。最长一次连续 48 小时没有合过眼。2 月的某天，徐远达向

ICU 主任提出请假一天。明知道他已经长期劳累，情理上应当补休，但是 ICU 的主任还是“狠心”提出了要求：“现在人手很紧，你能不能不请假？”徐远达沉默了许久，再次提出：“我能不能请两个小时假？”ICU 主任感到很诧异，他想小徐可能太累了，想“偷懒”睡两个小时吧，于是同意了这个要求。徐远达在两小时后重返 ICU 抢救危重病人。直到后来徐远达自己也被感染了非典型肺炎住进 ICU 急救后，他的同事在无意中知道，那“两个小时的假”是因为他的父亲心脏病突发要紧急接受手术，他必须请假替父亲办理入院手续，因为他的弟弟当时在广州市第二人民医院一线工作，也在接诊非典型肺炎的病人。

李红娟，隔离病区护士长。正在老家东莞与长时间分离的亲人团聚。接到医院电话，连夜从东莞赶回医院。同伴病倒，她每天送去煲好的凉茶。

何为群，ICU 年轻的女医生。连续彻夜不眠地抢救和守护危重病人，病人成功地脱离呼吸机时，她却因过度疲劳而感染疾病。当她躺在病床上看到报纸报道陈思蓓、徐远达医师 48 小时没睡过一觉时，她悄悄流泪了，为自己不能继续与同事共同战斗深感内疚，用手机发出慰问与关切的短信。得知陈思蓓医生也感染疾病住院时，刚刚出院的她不顾一切阻拦，回到 ICU 与战友继续战斗。

陈庆华、陈佳，实习医生。整个呼一区、呼二区只有三位实习生，合计要管 80 张病床，如果在晚上值班期间，就要一个人把全部的病床都统管起来。辛苦、疲困、劳累、病毒，他们毫无怨言，没有厌倦，没有脱逃，直到病倒被要求撤出。

广医一院护理部主任刘桂卿，为了调节病人的情绪，带领护士们挖空心思创造“惊喜”服务。她说：“治疗传染病需要长期的隔离，对于这些特殊病人，心理护理可能比身体护理还要重要。”广医一院接收的 110 多位病人中，超过 10 户家庭是多位成员被感染，家庭发病的病人压力更大，情绪更为低落。她们千方百计地安慰。她们给病人送去专门制作的慰问卡。在写给一位医生病人——中山三院邓子德主任的一张慰问卡（一张普通的A4纸打印而成）上，印着护士们精心设计的一艘扬帆起航的帆船，下端则是护士们的衷心祝福："在特别的日子里，您不辞劳苦地救治病人；为了病人，您工作在临床一线，没有丝毫的退缩，默默地奉献着白衣天使的爱心。您的言行，体现了医务人员认真履行救死扶伤天职的精神……在此，我们代表全院护理人员向您表示诚挚的慰问和深深的敬意并祝您早日康复。"

……

"我们 ICU 每为一个危重病人插管，就会有两、三个医务人员倒下。"当时的广医一院院长叶广春在 4 月 14 日向时任国家主席胡锦涛汇报抢救非典型肺炎病人的悲壮场面时，在场的很多医院院长都被泪水浸湿了双眼。他们所有的医院 ICU 都有相同的遭遇。

《健康报》记者采访钟南山时，他充满感情地说："长期以来，我们的部分媒体和社会上的一些人对医务人员产生了偏见，把一小部分医务人员的不良行为看成整个医务群体的共性。而这次抗击非典的事实证明了我们的医务队伍是一只特别能战斗的队伍，是医德医风经得起考验的队伍，是值得老百姓信赖的队伍。"

说到这里，钟南山哽咽起来。

第三章　巍然南山

我想追求一个未知数，就是这个目的。这个病并不知道是什么原因，是什么病原，是什么源头，怎么治，我希望搞清楚，这就是我最大的动力。

——钟南山

2010年4月，中华全国总工会向钟南山院士颁发了“时代领跑者”奖章和荣誉证书，钟南山是广东唯一获选的代表。

"我们很揪心，为我们的人民群众的身体健康、生命安全受非典型肺炎的严重威胁感到焦急，同时又为我们广大医务工作者做了大量的艰苦细致的工作，使得许多患者尽快地恢复了健康而感到欣慰。"

2003 年 4 月 14 日上午，正在广东考察的时任中共中央总书记胡锦涛与广东医疗专家座谈时，说出了这番贴心话。

上午，胡锦涛在张德江、黄华华等广东省领导的陪同下，来到广东省疾病预防控制中心，看望来自 23 家防治非典型肺炎的一线医院代表，并同他们亲切座谈。

时任广州医学院第一附属医院院长叶广春是座谈会指定发言的代表之一。他向胡锦涛总书记汇报了广医一院呼研所收治危重病人的治疗经验，特别提及许多医务人员放弃了休假、舍弃了家庭生活，冒着生命危险近距离抢救和护理病人。他说，早期在重症监护中心工作的医务人员，每为一个危重病人做气管插管，就有两三个参与抢救的人被感染，但是白衣战士们没有畏惧、没有退缩，病倒康复后立即重返岗位，前赴后继，大家都无怨无悔，而且广东省所有医务人员都是这样做的。

叶广春的汇报过程很短，总书记听得非常仔细认真，一言不发，若有所思。叶广春汇报完毕，等着总书记指示。没料到总书记却指着他说："我看你言犹未尽，你还有什么要补充的？"

总书记一句话说到了叶广春的心坎里。他当即提出了国际大协作的问题，认为非典型肺炎是一个关系到全人类健康的疾病，必须发挥大协作精神，包括省内外和世界各国的合作。

总书记沉吟着："大协作！"

一开完座谈会，叶广春便打电话向钟南山报告。还没讲完，钟南山就说："我非常非常高兴！"

是啊，当党和国家领导人走到抗击非典的前沿地带，从"直接关系广大人民群众的身体健康和生命安全，直接关系改革发展稳定的大局，直接关系国家利益和我国国际形象"的高度重视防治非典的工作时，每一位参与其中的医务工作者都会感到欣慰和自豪。

4 月中下旬，虽然在广州，非典得到了一定的遏制，但是，在全国，尤其是在北京，疫情却迅速蔓延。对此，党中央、国务院采取了一系列重要的措施，明确提出要以对人民高度负责的态度，及时发现、报告和公布疫情，决不允许缓报、漏报和瞒报。国务院果断决定将非典型肺炎列入我国法定的传染病进行依法管理。对一些地方"信息统计、监测报告、追踪调查等方面的工作机制不健全，疫情统计存在较大疏漏，没有做到准确地上报疫情数字"的情况，中央给予了严肃批评。国务院决定，从 4 月 21 日开始，将原来五天公布一次疫情改为每天公布一次，和世界卫生组织的要求接轨。

自 4 月 20 日之后，非典疫情期间，几乎所有人都注意到，再也没有哪个部门或官员说出类似下面这样振振有词的大话了：

"在中国工作、生活、旅游都是安全的！"

"大家不都是很健康吗？北京市市民不都是很健康吗？大家可以想一想，'非典型'肺炎在广东最初的病例，可以追溯到三四个月前，而在这几个月间，每月到中国大陆旅游的人都有七八百万，在座各位所在的公司都组织了少则几千、多则几万的旅游者来中国大陆旅行和旅游，有几个人感染上了疫情？"

"对于 1300 多万人口的北京市，22 个病例所占比例并不大，而且已经得到有效控制，完全没有担心的必要。"

……

举国同心，众志成城，尊重科学，抗击非典。

走进《面对面》

在中央高度重视非典的大背景下，中央电视台全面出动，发挥了强大的舆论导向作用。

4月中旬，著名新闻节目主持人王志和《东方时空》特别节目《面对面》的摄像、编导等赶赴广州。当时，他们计划采访的人物只有中国疾病预防控制中心主任李立明一个人。王志并没有想到，真正让他的节目赢得声誉的，是起初不在他们计划之列的钟南山和广州市第一人民医院的护士长张积慧。在广州的5天时间里，王志一行被真正激发起来，做了3集《面对面》（李立明、钟南山、张积慧）、3集《焦点访谈》和1期《时空连线》，走了3家医院，还不包括只取外景的医院。

时势造英雄，《面对面》和王志一下子成为这个“非常时期”观众心目中的“非常栏目”和“非常主持”！

王志，1989年毕业于湖南师范大学中文系，获硕士学位，同年被分配到湖南电视台做新闻记者。1994年2月进入中央电视台，在《东方之子》节目中任记者和主持人，1996年2月进入中央电视台新闻评论部。2002年5月开始筹办《面对面》栏目，2003年1月在《面对面》栏目任制片人、主持人和记者。

王志来到广州。他说：“到了那里就感觉像打仗一样，人马上就兴奋起来了，我相信任何一个记者到了那种时刻都是那个状态，脑子里的想法很简单，就是要把新闻逮回来，其他什么也没想。”

《面对面》的栏目定位是“用‘人’来解读新闻，见证历史”。谁能见证抗击非典的历史？起初，他们采访的是正在广州出差的李立明。由于出发前，王志听人提起钟南山的有关情况，就把钟南山也列入了采访范围。

王志先采访的是李立明。接着，4月17日，他们来到广州医学院，采访钟南山。

刚见面，钟南山就问：“需不需要进隔离区拍呢？”王志说：“当然要，否则我来干什么？”可是，真正到了医院的时候，钟南山还是建议他们不要去，说："就到普通病房怎么样？"王志说："我们来拍非典要去就去隔离区，你去哪里我们就去哪里。"快要进去的时候，正在换衣服，录音师跟家里和台里同事通了一个电话，中央电视台的同事马上说要跟台里报告一下，说这是一件很严重的事。但是没有等到他回信，王志他们已经进去了。他们进入广州呼研所8楼的重症监护室，用摄像机真实地记录抢救危重病人的真实情况。

王志事后回忆说："那一天，我们一直在里面待了一个多小时。就在非典患者的身边，我们一边采访正在护理病人的护士们，一边尽可能拍到每一个镜头，一直到我们带来的电池用光为止。全身上上下下严严实实的防护服，钟南山院士脸上严肃凝重的表情，这些都在提醒我们，我们真正到了第一线，一个病人在同死神赛跑的地方。"

正是这种贴身记录、共同战斗的经历，后来在面对面采访时，钟南山对王志敞开了心扉。

4月26日，《面对面》节目播出。钟南山顿时成为公众人物。而广大的电视观众除了目睹了钟南山顽强拼搏、挑战病魔的英雄事迹外，也第一次明白，原来在抗击非典的过程中，还有那么多曲折——关于病原，关于国际协作，关于控制还是遏制等。（注：本书附录记载了这一对话的全过程）

关于衣原体

王　志：2月中旬有关方面宣布这个病的病原有可能是衣原体的时候，你（为何）站起来表示反对?

钟南山：一开始宣布衣原体的时候，他不是说有可能是衣原体，而是很明确地说，现在已经明确非典型肺炎基本诊断为衣原体的病因，而且治疗采用抗衣原体的药物，有足够的疗程比如说两周就可以解决问题。我想，这个看法是不是缺乏调查研究，没有认真地从临床的角度来认识？从我们临床感觉有两个大的不同，很难用衣原体的肺炎来解释，第一个就是衣原体引起的肺炎很少引起这么重的肺炎，第二个我们采取了足够剂量的治疗衣原体、支原体的药物，但是一点效都没有。当时我考虑，除非这个衣原体是一种特殊的变种，否则的话是很难用衣原体来解释的。

王 志：在当时来说，衣原体是一个很权威的声音。

钟南山：学术上就是真理，就是事实，但是当我们看到这个事实跟权威的是不一样的话，我们当然首先尊重事实，而不是尊重权威。

王 志：但是从其他方面来考虑来说，你可以不说话，你可以我行我素。

钟南山：我完全可以，但这不是一般的学术讨论，是救命的问题。假如我们采取错误的治疗方法，死的人会更多，这种情况下我们是没有什么选择的，必须要按照我们自己看到的事实、我们总结的经验来进行治疗。

关于国际协作

王 志：你在什么样的情况下提出要搞国际协作?

钟南山：这个病，本身的病原搞不清楚，它的传播途径搞不清楚，到现在它也没有一个更有效的治疗方法，这么多环节搞不清楚，我们需要两个层面的协作。第一个层面是什么呢? 是流行病学的、病原学的和临床方面的密切协作，只有这样才能够真正地找到它的病原。

第二个层面的协作是什么? 是国际上的大协作，因为这个病是人类的疾病，这个病是致命的，需要综合各国的优秀的科技的成果和技术，共同来攻关，只有这样才有可能解决问题。

王 志：现在看起来你说的协作是对的，但是在当时的情况下，你提出来这个是很有压力的，而且会对你带来非议，你知道吗?

钟南山：当时我们首先跟香港大学协作，协作的时候有一些人是反对的，当然并没有直接地责备我。

王 志：那这种批评和压力对你没有影响吗?

钟南山：有影响，但我不觉得是一个很大的问题，我觉得我是在做一些学术上的互相支持，同时我们希望把这个病更快地搞清，这没有什么错。

关于“有效控制”

王　志：有效控制跟有效遏制，在你看，到底有什么区别？

钟南山：我觉得有很大区别，我到现在为止也不认为，我们是有效的控制。控制的前提是什么，是要发现这个病原，同时找到对这个病原的处理的方法，发现了它的传播途径，这个时候在有些国家可以有效控制它。但是现在的非典型肺炎，病原刚刚知道一部分，（只是）初步了解，它的传播途径还不知道，它的源头是什么，从哪儿来的？还不知道。那么，我们现在只不过有一些办法能够减轻它的症状，缩短它的病情，减少死亡率，减少它的发病的情况。在这样的时候，我们就可以用“遏制”，“遏制”似乎是更科学一些。

王　志：但是说有效控制从某种意义上来说，并没有恶意，也只是稳定大家的情绪。

钟南山：可以这么说，这个东西总的来说对我们整个老百姓的心理和情绪的稳定是起了很大的作用。

王　志：那你为什么要站出来纠正呢？

钟南山：这个病不但影响我们国家，而且已经影响了将近20个国家和地区，而且看这个样子还有可能在有些地区进一步扩大。在这样的情况下，你说控制，那是很不科学的，所以我们提出要修改。这是要我们加倍地警惕，要注意这个问题，如何更好地让所有的国家配合起来，在这一方面投更大的力量来进行防、治等各方面的研究，所以不要轻易地讲有效控制，我认为这样是比较科学的。

……

王志和钟南山的对话，一石激起千重浪。后来有记者采访王志，让他评论一下钟南山。

王志说：“钟南山，对我这样的人来说，是可望不可即呀，我觉得他是完美的，既有勇气又有智慧。”他说，在广州的日子里，他的内心只有两个字，“感动”——“我每天都是发自内心地被一线的医护人员的故事打动。我真的觉得他们是和平时期抗击非典这场战争中最可爱，也是最可敬的人，如果眼泪能说明问题，珠江一定会涨水的。”他在呼研所采访时，甚至跟那里的医生说好了，“我们要是感染了就住这儿”。

《面对面》播出后，引起强烈的社会反响。

《齐鲁晚报》在《钟南山的人格力量何在》的评论中这样说："钟南山的身上洋溢着一种强大而崇高的人格力量。他在和平时期所表现的奋不顾身、身先士卒的英雄气概，比战争年代那些舍生取义英勇无畏的先烈毫不逊色。

“作为一个临床医生，他的人格力量表现在高尚的职业道德。他并不认为自己所做的事有多么了不起；相反，他一再强调的是他作为胸肺科大夫义不容辞的责任。钟南山的讲话非常质朴，仿佛他做的一切都是理所当然的。能够像钟南山这样知行合一、坚持职业道德并不容易。钟南山仰之弥高的品格就在于，他视救死扶伤为职业道德的底线，有责无旁贷之念，无居功自傲之心。

“作为一个科研工作者，他的人格力量表现在无畏地追问未知，心无旁骛地求索真相。

“正是强烈地对科学的探索热情，使他超越了世俗利害的计较，不顾个人安危投身抗非典；不盲从权威关于病原的判断，而尊重事实讲出不同意见；不怕非议和政治压力，提出国际协作的建议。在他的心底和眼中，没有什么比尽快弄清病原病理、拿出科学的抗疫方案更重要的了。

“作为一个单位的领导人，钟南山的人格力量，表现在他对同事的衷心信任和以身作则。平等地对待同事与部属，提高领导工作的透明度，相信大家，大家才能信服你追随你。‘民可使由之，不可使知之’那一套是不可能造成上下一体同心同德局面的。他率先垂范，冒死检查所有病人的口腔、咽部，就使他的言行具有不可抗拒的精神感召力。”

钟南山感动了无数的观众，很多人通过互联网表达对他的敬意。一位网友写道："钟院士，向您致敬！尊重科学，尊重生命，您是我们心目中真正的英雄！人民会衷心感谢您！"

另外一位网友则写下了“民族英雄钟南山”的评语，后面是连续7

个感叹号；一位年轻的网友更是激动地写下了这样的话：“钟院士，您，就像是我们的父亲！”

一位读者这样写道：作为一名67岁的院士，一个有着国际声誉的科学家，钟南山在“抗典”战役中，完全可以扮演“动口不动手”的指导者的角色，在关键时刻也可以选择沉默。

这样一来没有被传染的危险，二来不会“得罪”谁，也不会有说错了影响自己学术声誉的危险。但是强烈的责任意识，让他义无反顾地走上了抗击非典的第一线，与病毒与死亡进行面对面的搏斗；仍然是强烈的责任意识，让他在权威与真理之间选择了真理，大大降低了广东非典的死亡率。

《南方都市报》的一篇评论则高度评价了钟南山先生的政治观——“搞好我们的业务工作，以及做好防治疾病，这个本身就是我们最大的政治。”就钟先生而言，他既是一个富有责任心和创新能力的业务高手，同时又在阐释着“全心全意为人民服务”的政治内涵，他搞好他的工作当然就是“最大的政治”。

一篇题为《钟南山们，英雄啊！》的评论说，“没有抑扬顿挫，没有激情飞扬，这是久违了的毫不作秀的场面。他们不是为电视镜头活的。而真正打动人心的，便是这静静的人格的力量。做出壮举而不认为自己是英雄的英雄，是真英雄。”

钟南山的名字响彻大江南北，以至《江南时报》在报道南京市非典型肺炎防治专家组组长郑培德教授的事迹时，将他称为“南京的钟南山”。郑培德的女儿远在美国，得知父亲参加防治非典专家组后，立即打电话回家询问南京的疫情，并一再叮嘱父亲一定要注意防护。

他却说：“我不怕，我是一名医生，救治病人是我应尽的责任。何况我对防非典有足够的认识，平时注意警惕防护得当，还是能够预防传染的。”

钟南山，成为抗击非典战斗中的一个符号，一个象征。

“科学只能实事求是，不能明哲保身”

在抗击非典的战役中，很多人说，广东值得庆幸的一点在于：广东有钟南山。

广东省委、省政府高度评价说：广州医学院第一附属医院在抗击非典型肺炎事件中起到了主导性作用，钟南山功不可没！

作为一位德高望重的医生，一位严谨认真的学者，钟南山救死扶伤的仁厚品性让人感动，而他追求科学真理、坚持实事求是的执着不屈，更令人尊敬。

人类现有的科学知识并不能解释和解决人类所有的问题，但是，丧失了科学精神，任何问题都无法解决，甚至会南辕北辙。

2月初，媒体对非典的报道还遮遮掩掩，钟南山则在接受广州地区记者采访时坦率指出，“在我们的知识和所知药物范围内，还没有找到一种特效药”。一语道破问题所在。对付强大而陌生的非典，钟南山不回避问题的严重性，但他也客观指出，大多数病人还是可以治愈的。

以下是广州《新快报》记者当时和钟南山之间的一段对话：

记　者：非典型肺炎到底是由什么病原体引起的？与一般肺炎有何不同？

钟南山：目前还没有可靠证据证明这一疾病是由什么病原体引起的。这种非典型肺炎与感冒引起的肺炎不一样，上呼吸机的比例较高，达到7%，一旦发病会比一般肺炎重一些。

尽管如此，大多数还是可以治愈。

记　者：目前广东发生的非典型肺炎有没有找到治疗的特效药？

钟南山：从临床上看，目前对病人使用抗流感、腺病毒的药物，都没有明显疗效，在我们的知识和所知药物范围内，还没有找到一种特效药。

记　者：没有特效药的情况下，对非典型肺炎如何治疗？

钟南山：目前主要是对症治疗，有合并细菌感染的就用抗生素治疗，有高烧症状的就退烧，呼吸衰竭的上呼吸机，缺氧严重的要及时通气。

记　者：现在民间有传闻说，一定要先服用板蓝根、抗病毒药品，还要用醋熏房间，这些对预防非典型肺炎有效吗?

钟南山：用白醋熏房间，从清洁卫生的角度来看，对消毒空气有一定效果，但没有证据证明能预防这类疾病；板蓝根对预防病毒感染有一定作用，但对这种非典型肺炎也没有明显预防和治疗作用，最主要的预防还是让空气流通。

在抗击非典的斗争中，至为关键的是要找到病原。

2003 年 2 月 11 日，广东省卫生厅举行的新闻通报会上，正式向媒体公布，广东当时已发现 305 例非典型肺炎病人，并有 5 例死亡。当时香港有媒体用“夺命炭疽肺炎”“鼠疫疑云”“禽流感”等恐慌性字眼报道广东疫情，省卫生厅厅长黄庆道在会上宣布，经省疾病控制中心和国家疾病控制中心实验室检验，导致该病发生的病原体已经排除炭疽、鼠疫、禽流感。

2 月 11 日下午，原卫生厅王智琼副厅长向记者透露，对 41 份病人的血样检测发现其中 10 份有腺病毒抗体，但尚未分离出任何病毒。她解释，腺病毒是呼吸道感染的一种常见病毒，腺病毒抗体阳性只显示病人曾感染过腺病毒，至于是否本次非典型肺炎的发病原因，还要扩大检测范围，并取病人发病期和康复期双份血样进行抗体滴度的对比才有诊断意义。

钟南山发言时指出，该病属“非典型肺炎”，病因不明，但从临床迹象来综合考虑，病毒性感染可能性较大。他强调，没有找到病原体不等于这种疾病没得治，因为引起肺炎的病原体很多，很多病人治好了也不知道到底是被什么感染的。

病原体究竟是什么？一下子成为人们关注的焦点。

2 月 18 日下午，广东省卫生厅接到卫生部电话通知，说国家疾病控制中心在广东送去的两例死亡病例的肺组织标本切片里，用电子显微镜看到了非常典型和清楚的衣原体颗粒图像，其他如支原体、立克次体等也会引起非典型肺炎的病原体都没有发现。此后 50 天左右的时间里，国内医学界和公众听得最多的一种说法，就是“非典型性肺炎的病原可能是衣原体”，衣原体是一种在真核细胞内寄生的原核微生物，衣原体引起的肺炎采用针对性强的抗生素治疗非常有效，该病是完全可以预防的。

衣原体是一种体积比细菌小、比病毒大的第三类微生物，也是呼吸道疾病的常见致病原因或继发原因之一，也可以引起非典型肺炎。

看电镜的专家是中国最权威的电子显微镜专家洪涛院士。

卫生厅办公室一位副主任是读医出身，和《羊城晚报》一位中山医科大学毕业的记者讨论起这份结论，都很激动:“不会吧？就是衣原体这么简单？那红霉素就可以搞定啦，怎么会所有抗生素都无效呢？”

2 月 18 日晚，卫生厅紧急召集“广东省不明原因肺炎医疗救护专家指导小组”、广东省疾病控制中心有关专家连夜闭门讨论。此时，中央电视台《新闻联播》已经正式宣布:“中国疾病预防控制中心病毒病预防控制所报告，通过电镜观察发现两份死于本次肺炎病人的尸检肺标本上有典型的衣原体包含体，肺细胞浆内衣原体颗粒十分典型。广东省部分地区非典型肺炎的病原基本确定为衣原体。”晚上 8 时 07 分，新华社正式报道:“引起广东部分地区非典型肺炎的病原基本可确定为衣原体。”2 月 19 日中午，中央电视台播出对国家疾病控制中心主任的访谈，他推荐了几种对衣原体有效的抗生素，并强调对这种衣原体肺炎的治疗要全程、足量使用抗生素。

权威部门结论，通过权威媒体发布出来。广东的专家感到非常震惊，如果按照衣原体的推荐特效药四环素及红霉类抗生素来治疗，治疗方案将大大简化，但如果“衣原体说”是错误的，我们可能将付出病人的生命代价。

在卫生厅召集的紧急会议上，钟南山发言说，他认为典型的衣原体可能是致死的原因之一，但不是致病原因。所发现的衣原体病原仅能作为两名被解剖者的佐证之一，并不能证明衣原体病原就是导致这两名死者死亡的唯一病因，更不能简单地认定衣原体就是唯一的病原。仅仅从两个肺组织的标本进行电镜观察就下结论，科学依据不足。因为要鉴定一个病原体，除了形态学上有一定的特点，还要对它的遗传特点进行分析，即“全基因序列分析”。此外，血清实验也非常重要。

专家组最后认为，不能按衣原体的结论来制定治疗方案，“否则可能造成可怕后果”。

他们表示，会按既定预防治疗方案行事。从临床症状看，他们认为非典的病原更像是一种新型病毒。他们最后决定，为了对病人负责，适当调整治疗方案，在维持原来的治疗原则的基础上对病人同时使用四环素和红霉素类的抗生素治疗。一句话，就是“大包围”，使用针对细菌、病毒、衣原体的多种药物和对症支持疗法。

当天会后，有朋友悄悄问钟南山：“你就不怕判断失误吗？有一点点不妥，都会影响院士的声誉。”钟南山平静地说：“科学只能实事求是，不能明哲保身，否则受害的将是患者。”

广东有专家还尖锐指出，中国疾病控制中心没有征询广东临床专家意见就急于宣布结论，从科研角度看，是非常草率的。

一名全程参与广东省各地非典型肺炎病例救治工作的专家解释说，衣原体是一种对抗生素非常敏感的病原体，治疗首选红霉素，此外还可使用罗红霉素、罗力得、阿奇霉素、甲红霉素等，一般用药几天就会出现明显效果。但广州有医生曾对一批非典型肺炎病人试验性按“衣原体肺炎”治疗，选用上述抗生素，结果病情不但没减轻，还出现了呼吸衰竭等恶化的迹象。

广东省疾病控制中心的工作人员指出，流行病学有一整套确认病原体原则：不仅要看到或检出病原体的抗体，还要将病人恢复期的抗体效价（浓度）和患病前进行比较升高四倍以上，最后，将病人身上或分泌物（血液、痰液等）分离出的病原体接种到实验动物身上，动物发生和人相似的病理反应，动物死亡后，在尸体标本中同样要检出这种病原体。这个周期非常长，国家疾病控制中心不应该在仅仅完成第一步就急于公布结论。

3月4日晚，钟南山在广州医学院接受记者采访时，再次表达“属病毒感染引起的肺炎”的看法。尽管广东医疗界几乎所有的临床专家都根据经验判断是病毒性肺炎，但钟南山以工程院院士的身份站出来反对国家疾病控制中心的说法，这无疑给广东医疗界打了一支强心针。

3月5日，全国人大和政协“两会”开幕。在政协会议上，全国政协委员钟南山再次表达了对于非典的忧虑。他明确表示，广东非典发病的病毒到现在仍未能确定是何种病毒，虽然有专家提出是衣原体病毒，但在临床治疗过程中按衣原体思路进行治疗是无效的。

从2月起，北京方面和广东方面一直在悄悄进行病原体之争。2月18日之后，还有一个小插曲，就是2月26日，国家疾病控制中心首席专家洪涛院士再次向广东报告，在送检的10份标本中检出衣原体阳性，其中1份呈强阳性，特效药是利福平。

这个结论在广东医疗界又引起一次轩然大波。当时已经收治了大量非典型肺炎病人的广州市胸科医院专家告诉记者：他们医院原本是收治结核病人的专科医院，利福平是抗结核病的特效药，有结核病人就是在用利福平治疗期间被感染了非典型肺炎的……

人命关天。以钟南山为首的广东专家第二次坚持原来的治疗原则，没有采用利福平治疗。

钟南山一直在查找病原体的真相，他不仅通过各种途径寻找病因，还想到了与中国香港合作。中国香港搞了十几年的流感、禽流感研究，积累了丰富的经验。钟南山说，新病毒的出现并非地区或国家的单独问题，而是人类共同面对的科学难题，一个国家的医疗部门未必足以解决问题，为了保障人类的安全及健康，在不影响国家安全情况下，应考虑寻求国际专家协助。

2月上旬，在广州市科技局及卫生局的领导下，钟南山牵头广州地区的有关专家，与香港大学医学院微生物学系共同合作，成立了“广州非典型肺炎流行病学、病原学及临床诊治课题小组”。由于2月底到3月上旬，中国香港还没有发生非典型肺炎病例，港大一直使用广州提供的病人标本进行研究。双方在3月18日已经分离出冠状病毒，这个时间比世界上首次公布“冠状病毒”早了8天。根据双方签订的协议，这个结论是在大陆做出，香港不能率先对外发布。3月中旬香港也发生了同类病例，港大微生物系获得了本地病人的标本进行研究，也找出了和广州地区具有同源性的冠状病毒，港大微生物系于是在3月25日发布了找到病原体的消息。

3月25日，美国疾病控制中心和香港大学微生物系宣布，非典病原体是来自猪的“冠状病毒”。不久，世界卫生组织的多个实验室也陆续找到冠状病毒。3月28日，世界卫生组织正式将这次非典型肺炎命名为“冠状病毒严重呼吸系统综合征”，英文简称SARS，世卫组织并指出SARS已在全球蔓延。

4月10日下午，在北京市外事办公室举行的有关非典型肺炎的防治知识介绍会上，中国疾病预防控制中心病毒形态学研究室主任洪涛院士说，一个来自流行病源、传染、病毒、免疫等学科的25名专家组成的防治非典型肺炎攻关小组，已于8日成立，目前两种主要致病病毒已初步找到，衣原体培养已获成功，现正处于动物试验阶段。但目前哪种病毒为主要致病病因尚不清楚，洪涛倾向于两种病毒联合发生作用。国家疾病控制中心终于也找到了冠状病毒。

4月11日下午，广医一院呼研所工作人员通知《羊城晚报》记者，他们将在次日下午举行新闻发布会宣布找到冠状病毒。但他坚持要等到钟南山从北京回来才能公布。他提到，广医一院呼研所分离到冠状病毒的报告一周前已经层层上交，但国家疾病控制中心对此做了抢先发布。

4月12日，广东媒体在重要位置刊登消息，首次公布“冠状病毒”的结果。

4月16日，世界卫生组织在日内瓦宣布，经过全球科研人员的通力合作，正式确认冠状病毒的一个变种是引起非典型肺炎的病原体。因为把病人身上分离出来的冠状病毒接种到猩猩身上，猩猩发生了和人一样的非典型肺炎。建立了动物模型是证实病原体的“金标准”，就像癌症确诊的金标准和病理切片的报告结果一样。世界卫生组织估计，全球已经为此损失了300亿美元。这是全球发生非典疫情以来取得的最有价值的阶段性成果。

5月23日，最先认定“非典型肺炎的病原为衣原体”的科学家、中国疾病预防控制中心病毒学首席研究员、中国工程院院士洪涛对记者公开说，自己一生中遇到很多挫折，作为科学家，在科学研究上遭遇的大多数是失败，很少遇到成功。为此，他告诫身边的学人，不要气馁，遇到挫折、批评，还要继续走下去。

洪涛院士从事医学病毒学研究40年。2003年2月7日开始，他投入非典型肺炎病毒研究。随后，通过电子显微镜观察到非典型肺炎病人的尸检肺标本上有衣原体，并于2月18日向社会公布了这一研究成果。

回顾当时情景，洪涛说，自己曾要求媒体宣布他的发现时“要留有20%的余地”，但实际发布时“还是余地留小了”。中央电视台、新华社等权威媒体迅速报道:“非典型肺炎的病原基本可确定为衣原体。”“衣原体”之说从此成为政府“已经得到控制”的一份“医学证明”。因为，如果该病的病原体确是衣原体的话，患者只需服用红霉素等已有的普通药物即有特效。衣原体肺炎一般呈散发性，即零零星星地发生，流行的可能性不大，衣原体肺炎的死亡率也不高。

衣原体、冠状病毒之争落下帷幕后，洪涛院士的结论被证明是错误的。他对记者说，冠状病毒是非典型肺炎的元凶，没有问题，通过基因分析，也证实了这一点。他推测，他观察的非典患者，由于发病后免疫力下降，引发了衣原性继发感染。当时，通过电子显微镜，没看到冠状病毒，而分离到了衣原体。他承认电子显微镜的观察结论有局限性，为“一孔之见”。但是，在几例非典病人的标本试验中，衣原体是客观发现，自己“没有造假”。

他说，对于此次挫折，别人有怨言、提出批评，是应该的，非典型肺炎在中国报告较早，但病毒、疫苗研究却落后于国外，确实值得思考。

在事实面前，洪涛院士表现出了一个科学工作者的坦率风度。

在学术上，争论是难免的。在钟南山看来，衣原体和冠状病毒之争，

“是学术之争，而不是真理之争”，不能说谁对了就是真理的代表，谁错了就是谬误的化身。科学研究总是有一个过程的。

而对钟南山来说，虽然本来应该属于广州的科研成果旁落，但他并没有抱怨。在他看来，最重要的是，广州在防治非典的斗争中打了胜仗。

在病原体之争的全部过程中，钟南山始终坚持对事实负责的精神。不唯书，不唯上，只唯实。

抗击非典需要大无畏的精神和信心，但科学毕竟是科学，不能拿口号来解决问题。在北京，有关部门召开的一次新闻发布会上，钟南山坦率质疑了“有效控制”之说。他说：“在医学方面的角度来看，这个病并没有得到有效的控制。我们不要用‘控制’这个词，应该用比较客观的‘遏制’这个词，因为这个病本身病源都没搞清，你怎么能控制它？”

说起“遏制”这个词，还有一个小插曲。一天，广东省一家大报记者采访钟南山，为了说明抗击非典形势的好转，给出了几种说法让他选择：有效控制，基本控制，得到遏制，等等。钟南山想了想说：“这些说法都不完全准确，这个病的原因都没有查出来，怎么控制？一定要说，只能说‘新增病例减少’，就是‘得到遏制’吧！”

正是在以钟南山为首的专家的坚持下，广东抗击非典没有走大的弯路。广东省卫生厅副厅长王智琼在接受记者采访时说，广东抗击非典型肺炎能取得阶段性成果，很大程度上得益于钟南山在医疗技术方面独到的正确见解。他的医疗观点为广东卫生行政部门及时制定救治方案提供了决策依据。

北京传经

当广东省报告的非典发病人数逐渐下降时，北京、山西、内蒙古等地报告的发病患者却不断增加。北京需要钟南山。几个月来，钟南山多次赶赴北京，用他的经验和智慧帮助抗击非典。

4 月 10 日上午，钟南山出席了国务院新闻办的记者招待会，下午又赶到北京钓鱼台大酒店，就海峡两岸合作防治非典问题，出席国务院台湾事务办公室召开的新闻发布会。钟南山表示希望通过中国台湾的媒体，向他在中国台湾的好朋友，而且也是在非典防治工作中起到很重要作用的彭医生、杨医生、陆医生等致意，并表达了希望中国台湾的专家、中国香港的专家和大陆的专家一起合作，共同研究疫情，寻找病原的愿望。

4 月 20 日，在北京召开的第三届中国医师论坛上，钟南山就广东防治非典的现状作专题报告。他首先从流行病学角度分析了非典。他说，SARS 有很强的传染性，主要表现为聚集性，如家庭聚集和医院聚集性。其传染途径除近距离直接飞沫传播外，近来有学者提出还可以通过病人飞沫污染物，如通过手、衣物、食物、水等途径传播。SARS 潜伏期一般为 2 到 11 天。在广州，病毒感染二到三代后，传染力下降。

根据广医一院呼研所 1 月到 3 月诊治的 83 例较重的非典患者的临床情况，钟南山指出，83 例患者中男性 45 例，女性 38 例，多为青壮年，其中医务人员 45 例，占 54%，同一家庭者 10 例，占 12%。患者入院时症状：发热 83 例，占 100%，发冷、寒战 49 例，为 59.0%，肌痛 32 例，占 38.6%，呼吸困难 62 例，占 74.4%，咳嗽 69 例，占 83.1%，咳痰 46 例，占 55.4%，腹泻 2 例，占 2.2%。在早期咳嗽并不明显。

钟南山介绍了实验室检查的数据分析，他告诫说，在临床上要特别重视低淋巴细胞血症，医师在血象检查中，不应只注意白细胞，还要特别观察淋巴细胞计数。此外还应严密观察心肌酶升高和心率减慢者，夜间心率 <40 次 / 分钟的病例，可能出现心搏骤停。胸部 X 片特征：在有流感样症状的病例早期，发病 1 – 3 天，胸部 X 片即出现异常，胸片异常比呼吸系统症状出现早，多见双肺片状或团块状浸润灶，边缘不清，呈网状阴影。

他提醒，病人临床上一旦出现发热、肌痛、头痛等流感样症状，必须进行胸部 X 片检查，并且紧密跟踪，2 – 3 天必须复查 X 片。

钟南山提出了重症病例的诊断标准，分析了非典死亡的危险因素，然后提出了治疗建议。

四条有效的临床治疗经验是：1. 在起病初期病人出现类似流感症状

时，用中西医结合方法，清热解毒，治疗有效；2. 肺纹理或病理改变酷似纤维化病程时，及时用大剂量皮质激素；3. 病人出现缺氧，呼吸困难时，及早采用无创通气；4. 对中后期严重免疫功能低下者，关注患者的继发感染。至于预防措施，主要有两条，一是保持室内良好通风，二是注意个人卫生，如外出回家后洗手、洗澡、勤换衣服。

钟南山还提出，应及时将危重 SARS 患者集中在专科医院治疗。因为危重患者传染性极强，集中在专科医院可减少传染机会。另外，专科医院的医务人员有较强的呼吸科疾病救治基本功和技能，可提高抢救成功率。

在国际医学界享有盛誉的钟南山，非常擅长外事交往。4 月 23 日下午，外交部为各国驻华使节举行非典防治情况介绍会，外交部部长助理主持会议，约 130 多个国家的使节与会。

会上，外交人员服务局局长介绍中国在预防非典方面做的工作。

轮到钟南山介绍情况时，他习惯地打开手提电脑，借助多媒体进行演示。他结合广医一院呼研所在非典防治方面的实践和研究成果，对非典的发病原因、主要症状、诊断标准、治疗方法及传播途径等方面进行详尽的介绍。他表示，非典是一种新的疾病，它的发展会有一个过程。但如果采取很好的防范措施，可以尽可能地减少发病的机会。关于防范措施，他再次强调，一要养成良好的卫生习惯，二要保持室内良好的通风。证据显示，近距离的密切呼吸接触，是最为强有力的病毒传染渠道，因此保持室内通风很重要。

钟南山的发言结束后，与会使团代表纷纷表示“受益匪浅”。

4 月 25 日，《人民日报》报道了钟南山根据自己战斗在第一线的经验，从所掌握的案例出发，对公众关于非典存在的一些不正确认识的澄清。钟南山很客观地指出，种种迹象表明，非典的病原体是一种新型冠状病毒，目前人类尚无免疫力，各年龄段的人均可感染，这说明它传染性较强。但是从目前掌握的情况分析，医务人员和病人的家属是最易感染的人群，这说明这一疾病主要通过近距离传染，只要没有近距离或直接接触患者，普通人感染非典的概率是相对较低的。而且需要指出的是，非典在潜伏期的感染率也是偏低的，发病之后感染率才会提高，所以对于处在潜伏期的病人与已经发病的病人应该区别对待。

钟南山认为，传染病以预防为上策，切断传染途径至关重要，应尽量减少与病人或在潜伏期的感染者密切接触的机会，减少不必要的集会；居室、工作室等场所，定期开门窗单向通风，可稀释致病因子。同时，提高免疫能力也很重要，要保持正常的生活规律，定时作息，避免过度疲劳导致免疫力下降。

钟南山说，到现在为止，科学家对于非典的病因学、传播途径、发病学的研究依旧在进行中。事实上很多时候，在没有找到病原体之前，很多疾病都需要根据临床积累的经验，进行支持性的、实验性的治疗。由于病原体是新型病毒，因此目前一些药物预防和治疗非典的方法并非是针对性十分强的，纯粹是经验性的、综合性的，但并不是盲目性的，一些方法已经证明是有效的。例如，对高热、白血球低，同时又有 X 光胸片明显改变诊断为非典的患者，使用皮质激素有较好疗效，如甲基强地松龙可以减缓肺部病变，阻止阴影扩大。病毒唑等抗病毒药虽为广谱抗病毒药，但已证明只有对布尼亚病毒类效果确切。总之，对这次非典型肺炎的特效治疗，还有待临床试用药物进一步研究，目前只是估计用药。有助于提高免疫力的药物也不是特效药，可根据情况酌情使用。

他预言，由于非典型肺炎的流行与临床特点已初步掌握，只要早发现、早诊断、早隔离、早治疗，大多数患者基本上均可治愈。从几个月来的发病情况看，非典型肺炎的病毒虽然在不断变异，但其传染力有逐步减轻趋势，第二代和第三代病毒的传染力有所减轻，疫情最终有可能得到有效的控制。

5 月 3 日，在北京非典形势最紧张的时刻，钟南山在北京就非典疫情给首都各部门、各区县进行电视电话报告会，他说：“这个病从零星发现到上升、到高峰、到平段到下降，大概整个过程要 4 个月多一点。北京 1 月份开始，我相信到 5 月中、5 月底应该有一个下降，6 月份应该有一个比较大的改善。”

虽然是一个“比较粗糙的估计”，但是是基于广东省非典发病规律而作出的结论。

5月4日，钟南山在北京接受北京记者集体采访，详细阐述了非典型肺炎的传播规律，并表达了战胜非典的信心。“北京的SARS肯定能控制住。”他断言。

钟南山在谈到非典的传播途径时，补充说，非典的传播途径目前看起来有点变化，这是从香港淘大花园得出的启发，因为淘大花园突然之间有200多人发病，所以当时就考虑，会不会是由于病人的分泌物就含有病原体，污染到一些东西，比如水、衣服、食物等。病原体有一定的存活时间，这样通过水等就会再传染到另外的东西。淘大花园那个地方的下水道有点问题，U形管不容易排空，这是临床线索，根据临床线索我们发现在防护里除了直接飞沫近距离传播以外，要特别注意个人卫生，包括洗手、洗衣服、环境的消毒等，现在传播途径考虑的是这个。

钟南山说，从流行病学观察，这个病的传染性看起来不是一代比一代强，而是一代比一代弱。而根据流行病学的规律，高峰阶段大概有15天，有的是到20天。

对于北京的SARS，他说："现在北京市委和市政府的举措很坚决，很有效，有了这些坚决的措施，我是乐观的，我不认为有多么可怕，觉得可能会控制得比较好。根据广东、香港的经验，这个病的回落，一方面是采取的措施比较到位，再一个疾病本身有它的规律，不是因为采取措施才回落的，是因为疾病本身就会有回落的，但是这在很大程度又取决于你的措施怎么样。”

钟南山从技术手段提出，第一要认认真真切断传染途径；第二尽快界定疑似病例的诊断标准，曾经有一段时间孩子发烧了，到医院一查白血球不高，就认为是疑似病例，在有些地方甚至一发烧就成了疑似，这个面太宽了。如果疑似病例的面太宽，那就太难了。医学观察如果有条件要在医院观察，没有条件可以在家里，只是在家里注意一下，接触不要太密切，在一个房间里注意通风也就可以了。大家知道这个病一扩大，就人人自危，人人自危整个社会就不安定了。从管理的角度来看，大部分病人都能治好。“我非常高兴的是，北京市委采取果断的措施，集中救治病人。这个时候关键是老百姓的思想动态，还有我们干部的思想动态，这个病能够治愈，不是那么可怕，在一般人的心里现在是太可怕了。在北京如何正确对待这个疾病，现在确实很关键。恐慌的心态比疾病本身更可怕。恐慌的心理一个来自传染性，一个来自治愈性，北京重点在于降低发病率，对得病的人采取认真的隔离措施，还有降低死亡率。”

钟南山对老百姓也提出了建议，希望他们不要太过惊慌。他说，“我们医院现在接收 100 多位很重的病人，传染性很强，按说，我们医院在城市里，很挤，隔壁的住家基本上就跟医院贴着，但是到现在我们还没有发现周围的老百姓得病的。现在只要特别注意呼吸道，还有注意到眼睛可能有结膜的传染途径，还有注意个人卫生就可以了。”“在我们那里还没有穿三四层传染衣的，用不着穿那么多。因为在某些医院突然感染四五十个人，可能就是没有注意防护。怎么做好防护，最主要就是室内通风，我们中山二院原来收了很多病人，一直没有事。但是有一个病人转到 ICU 里，结果那天晚上 9 个医务人员全都病倒了，在那个小房间里不通风。所以最重要的就是要注意室内通风。不要把感染的程度提到这么高，讲得这么严重。我非常强调近距离的传播，一两米之内，特别是一米之内，我想说这个意思，就是它的传染性并不是空气传染，而是飞沫传染。”他建议，放假期间大家应该到公园里去玩玩，不要老待在家里。

在北京，钟南山做过多场报告，有关领导人跟他多次交流，向他咨询抗击非典的经验和认识。他还到北京一些医院，和广大医务工作者交流，甚至直接参与指导抢救。北京人民医院急诊科副主任丁秀兰感染非典后，广医一院呼研所的肖正伦教授专程赶到北京参加会诊。

5 月 10 日，在北京的钟南山和北医三院赵明武教授、朝阳医院王辰教授等，亲临地坛医院指导抢救。

出访国外

钟南山在抗击非典中的卓著贡献，引起了党和国家领导人的关注。2003 年 4 月 29 日早上，时任国务院总理的温家宝经昆明抵运泰国首都曼谷，出席中国—东盟领导人关于非典型肺炎问题特别会议。钟南山也在随行之列。随总理出行，使他深切感受到我们的政府领导人执政为民的本色。

当地时间 8 时 30 分左右，温家宝总理的专机降落在曼谷空军机场。下午，领导人特别会议结束后，随即举行了记者招待会。在台上就座的四位领导人，从左至右依次是东道国泰国总理他信、中国总理温家宝、东盟轮值主席国柬埔寨首相洪森和东南亚非典重灾区新加坡的总理吴作栋。不太大的会场挤满了各国记者，还有 400 多位不能入场的记者则在场外收看电视实况转播。

提问的记者无论是来自亚洲的还是西方的，关注的主要是中国。温总理说，“我知道各位记者对于中国的情况非常关注，我愿意借这个机会坦诚地、实事求是地回答记者的问题。”

谈及对这次会议的感受，温总理说，“这次会议是必要的、及时的，也是成功的。中国政府是负责任的政府，不仅要对我国 13 亿人民的身体健康和生命安全负责，而且要为世界人民的福祉和健康贡献自己的力量。我之所以坚定地出席这次会议，就是勇于面对现实，面对世界。”

针对几位西方记者提问，温总理坦诚地说，“这场疫病突然到来的时候，我们缺乏预防和控制的经验，我们的应对机制也不完善。现在我们已经从中吸取了经验和教训。在与疾病作斗争的过程当中，中国领导人和中国人民学到了很多，这可能是今后我们克服这种突如其来的疾病的宝贵精神财富。”

对于进一步控制中国的疫情，温总理充满自信，他说，“现在记者们如果到中国去，会看到从中国政府到普通百姓，都已经行动起来了，我觉得行动本身就是希望所在。一打纲领不如一个行动。检验我们最终成果的标志，是要使发病率降下来，使死亡率减少，使治愈率提高。说许多话不如这个事实更为有力。因此，我请记者们继续关注中国的情况，我们会用具体行动来证明中国政府的决心和中国人民的毅力。”

温家宝总理在泰国停留了 24 个小时，出席了 9 次会议，为了把中国抗击非典的信息第一时间传到世界各地，他不顾劳累，9 次接受记者访问。在每个场合不仅没有摆架子，甚至每次会面都提早到场，有礼貌和有风度地迎接各国领导人，主动热情地与他们握手问候。

站在抗炎第一线的温总理，经过一个多月来的奔波劳累，明显消瘦了。29 日晚上慰问驻泰中资代表及大使馆人员时，他动情地说：“中国抗击 SARS 的任务很重，我的心情也很沉重，最近睡觉，我经常泪流满面。”这段话感动了现场所有的人，大家眼泛泪光。

随行的钟南山除了出席有关会议，还接受了中国记者的采访。他表示，非典是一个全人类的病，不是一个地区的病，也不是一个国家的病。它目前已经扩展到接近 30 个国家和地区，它需要全人类的共同努力来战胜。东南亚与中国毗邻，互相间影响很大，不管是在哪个国家和地区，这个病的蔓延都会影响到邻国，不仅是病情影响到邻国，它对邻国的经济、社会发展都会产生很大的影响。中国此次与会，是一个很好的证明，说明中国很愿意和这些国家合作。目前，非典的病原、传播途径，还有它的预防方法和治疗手段等，还不是那么清楚，所以共同交流信息，有助于互相把这个病情的认识，将它的防治水平，提升一个更高的阶段。

当记者问钟教授，这次会议对中国正在进行的非典防治工作有什么作用时，钟南山指出：“东盟一些国家包括新加坡等，它们在整个的疾病的预警还有防护方面，有一套比较好的系统，这方面很值得我们学习。另外，我知道他们在基础研究病毒学方面有很好的基础，在这方面如果可以合作的话，我相信能够对疾病的进一步认识和找到它的病原会有更大的帮助。”

钟南山的回答，落落大方，得到了国际社会的好评。

家人的支持

在接受中央电视台《面对面》采访时，钟南山说起过家人对他的支持。

他说的家人是谁？就是他的妻子李少芬。

认识李少芬的人总是亲热地叫她“李姨”，李姨曾经是中国国家女篮的队长，《女篮5号》的主角原型，今年66岁。对媒体的采访，她一向都很低调。中央电视台通过钟南山“说情”，都没能说服她出镜。她说，“和那些在第一线的医护人员比，我算得了什么？”

有人问她：“钟院士家里怎么消毒？”

李姨很认真地传授经验：“钟南山从医院回来，就是个‘带菌人’，衣服全都得泡在消毒液里，洗澡也要从头到脚消毒。消毒液用什么牌子？市场上有杀毒功能的就行了。家里用了多少瓶，呵呵，那就没数了。剩下的就是开窗通风，不需要太紧张。其实报纸报道的东西比我知道的还多。”

说起抗击非典的故事，李姨反复强调：“我没做什么，只是给钟南山煲煲汤，累了就照顾他。”

非典的消息一传开，钟南山家里的电话成了热线，亲戚朋友们问个不停，家里的小保姆也吓得不敢上门。但李姨泰然处之，每天在家里煲汤，等着丈夫有空回来喝上一口。然而一个星期也难得有一次机会。从周一到周六，钟南山都泡在医院，星期天又要忙着到处开研讨会，香港、北京马不停蹄。他曾连续38个小时连轴工作，累倒了，这才回到家里躺下。李姨说：“他还是在家里睡得最香。”

钟南山在家自己诊治，李姨就是护理人，半步不离，煲汤增强丈夫的免疫力。钟南山退烧后，很快又重返一线。对此，李姨只是默默支持。以至一位广州医学院的领导说：“李姨就是钟院士家里的‘总理’，是钟院士能够坚强‘抗战’的精神支柱。”

钟南山一家四口，有两人是密切接触病人的“带菌者”，除了钟南山，儿子钟惟德当时也在广州市第一人民医院的急诊室，而且工作环境更复杂。李少芬在非典前一年刚刚大病了一场，当时仍在恢复期，抵抗力很弱。他们家里吃饭分餐，居住分房，每天全家的衣物、杯盘都要进行全面消毒……这个家庭，沉浸在非常时期的非常生活里。

在抗击非典的日子里，钟南山的体重下降了10斤。李少芬暗暗为他担心，尤其是他生病的时候，好多天不想吃饭，李少芬说，“我真的很着急，过去我当运动员，当体工队副大队长，东奔西跑，他帮我；当科研所副所长时，他也帮了我。现在，该我帮他了！”为了抗非典，钟南山常常是一个电话就要出差。只要接到通知，李少芬就得去张罗机票，收拾衣物，保证他能在最短的时间内出发。

面对丈夫接踵而来的荣誉，面对曾经人心惶惶的谣言（“钟南山得了非典，病危了”），李姨一样地从容：“我从来没担心过，没做过什么最坏的打算。钟南山是一个医生，治疗病人是他的天职。”

青春永在

“阳光照耀的地方有我默默的祝福，月光洒向地球的时候有我默默地祈祷，流星划过的刹那我许个愿：祝愿正在看短信的你平安，远离SARS！”

互联网上的这则短信不知发送了多少万次。

到2003年5月中旬，中国抗击非典的战斗已经取得了阶段性的胜利。

5月16日，钟南山乘坐飞机，到美国华盛顿州西雅图市参加美国胸科学会年会。他应大会主席托马斯·马丁教授的特邀，作了30分钟的专题报告——“中国重症急性呼吸综合征（SARS）的发病情况及治疗”。在报告中，钟南山向与会的各国专家介绍了SARS在中国的发现、疫情发展及中国在防治方面采取的措施，并特别谈到了中国有效降低SARS死亡率的方法。由于采用有效的救治方法，中国的SARS死亡率降低到5%以下，远低于世界卫生组织10%到15%的估计。钟南山强调，近几天来，在中国大陆发病率最高的两个地区北京和广东，其每日的新发病数目及死亡率已持续降低到个位水平，甚至出现零病例，说明中国政府采取的措施已经收到实际成效，中国摸索出的 SARS 防治经验是行之有效的。

本次西雅图会议的一个共识是，SARS 不是某些国家或地区的敌人，它是人类的共同敌人，是全世界的问题，各国科研人员要积极开展国际间协助与合作，为战胜 SARS 共同努力。由于会议主题迫切的现实意义，由于钟南山发言内容的重要性，能容纳 1500 人的主报告厅座无虚席，连过道的地毯上也坐满了人。为使更多的人看到会议实况，大会临时在大厅外前厅增设两个电视屏幕同步播放钟南山发言的实况，由于参会人员不断增加，为防意外，会议中心四楼的电梯也不得不暂时关闭。

报告结束后，钟南山被各国科学家、学者、记者团团围住，就 SARS 的有关问题进行更具体、细致的咨询、采访。德国一电视台对他进行了专访，他们说，“中国的防治是成功的，对德国及全世界防治 SARS 是有帮助的，我们需要向钟先生请教防预策略。”

听了钟南山的发言，与会专家认为“中国大陆 SARS 的发病率已明显下降，令人鼓舞”。许多中国留学生从网上得到消息，纷纷赶去听报告，感到无比欣慰。5 月 17 日，美国著名的 CNN 电视台《今日美国》电视栏目对钟南山的发言进行了专门的新闻报道，比思尔教授在总结中强调：“我们获得了防治 SARS 经验的最新报告，亚洲的经验将为全球对 SARS 有效控制提供有价值的启示。”

会后，与会的许多中国学者纷纷与钟南山见面，他们除了了解国内 SARS 的有关情况外，更多的是询问国内急需的研究内容和方向，积极探讨有关科研合作意向。钟南山向大家详细地介绍了国家的开放政策和关于 SARS 研究的长期目标，并鼓励大家发挥所学专长为国家出力。不少学者表示，身在海外，心系祖国，在国家危难时期，海外学子精忠报国，当仁不让。

一位学者说：“在全世界最大的胸科国际会议上，中国代表作为会议的第一主讲人，尚属首次。这令海外的中国学者无比自豪和骄傲。”

临去美国前两天，心系病人的钟南山还去探视一位疑似非典的病人。

这位 91 岁老太太的症状是高烧、咳嗽，并有肺炎，但当钟南山得知老太太从不出门时就下了判断：不是非典。

他说，一高烧就非典的说法非常不科学。判定是否非典，除了高烧、咳嗽，至少要加上一条相关的血液检查是否呈阳性。

“当务之急是提高诊断的精确度，在快速诊断的基础上找到源头。”钟南山这样说。

在抗击非典的过程中，钟南山始终不满足于临床治疗方面所取得的成绩，即使在他获得盛誉之时，他依然非常冷静，非常平常。他说，非典型肺炎是一种非常新的疾病，人类要完全攻克它尚需时日。下一步，除了要进一步确认全球发生的非典型肺炎的病原体是否全属于冠状病毒的同一亚型外，还要找到能杀灭病原体的药品，研究出预防的疫苗，探寻出其感染源等。这就需要更多地区、更大范围的合作。科学需要博大的胸怀。科学无国界，国际大协作不可缺少。他表示，由于非典型肺炎在中国病例最多，有研究的充足资料和基础，“特别希望解决方案最后能由华人提出”。

5 月 1 日，广东省科技厅有关人士透露，目前广东已组成“广东省防治非典型肺炎科技攻关项目”5 大专家组。这 5 大组分别是：第 1 大组是以中国工程院院士、广医一院呼研所所长钟南山为总组长，作“病原分离鉴定和生物学特性研究”；第 2 大组为“病原流行病学”；

第 3 大组为“快速诊断”；第 4 大组为“中西医结合救治研究”；第 5 大组为“疫苗研制”。在新的课题面前，钟南山依然冲刺在前。

中央电视台记者曾在广东的非典疫情进入一个相对平缓的时期后，问钟南山：“会不会出现反弹？”

钟南山以他一贯的语调说：“现在没有人能够预料，从广东、香港的趋势看来，整个疾病从发生到急剧的升高，到一个平缓阶段，以后再减少，再慢慢没有，看起来要四五个月时间。看起来，这种病毒在人体里生长繁殖还不是十分适应，它有一个慢慢的适应过程。经过一段时间会不会再有呢？我想目前任何人都很难预测。”

“所以，”钟南山说，“首先就是要搞出快速诊断，第二个就是医疗问题，比如说现在用类固醇治疗是比较成功的，但是它什么时候用，该用多大剂量，用多长时间，这都是很粗糙的，所以现在需要临床医师很快地从病人身上及时地总结，这就是攻关的项目。”

记者问：“现在很多地区、城市都想学习借鉴广东在防治非典工作当中方方面面的经验。从你的角度来看，你认为广东经验的实质是什么？”

钟南山说：“就是实事求是，在很多未知数面前，根据一些比如说临床的表现、流行病学的表现，来进行分析，制定对策。一个是尊重事实，另一个就是及时总结经验，及时指导下一步工作，这两个是最关键的。”他相信，国家将大力加强防疫的整体系统、机制的建设，“人类可以在创造物质文明方面走得很好，但是在预防意想不到的一些天灾人祸方面，还有待加强，特别是像这些传染性的疾病，我想将来还有可能遇到，所以我们国家应该加强这方面的建设。”

5 月 13 日，中国卫生部发布《传染性非典型肺炎防治管理办法》，该条例自发布之日起施行。根据《办法》，卫生部对全国传染性非典型肺炎的疾病防治工作实施统一监督管理。卫生部及省、自治区、直辖市卫生行政部门应当及时组织开展地区之间、医疗机构之间和疾病预防控制机构之间防治经验的交流；积极开展传染性非典型肺炎防治的科学技术研究工作；鼓励、支持开展传染性非典型肺炎防治的科学研究和技术的国际交流与合作。《办法》提出，任何单位和个人，必须接受疾病预防控制机构、医疗机构、卫生监督机构有关传染性非典型肺炎的查询、检验、调查取证、监督检查以及预防控制措施，并有权检举、控告违反本办法的行为。任何单位和个人对传染性非典型肺炎疫情，不得隐瞒、缓报、谎报或者授意他人隐瞒、缓报、谎报。

中国，正在进一步通过法治手段防治传染病。

非典过后，在我们的身边，吐痰少了，洗手多了；垃圾少了，干净多了；聚餐少了，运动多了；出门少了，回家多了；摩擦少了，关爱多了；掩盖少了，透明多了。我们开始进入一个拥有更多关爱、更多健康意识的年代。

对中国人来说，非典是一场灾难。但是，我们庆幸，在党和国家的高度重视下，在各级政府的努力下，在像钟南山这样的优秀科学家、医护工作者的拼搏下，我们努力打赢了这场“战争”。

如果说医院是战场，钟南山们就是在一线浴血奋战的将士。

非典肆虐的日子终将过去，但是历史将永远铭记他们的名字。

此时此刻，面对钟南山，你会想到什么呢?

他的功绩自在人心，自在史册。正如时任国家副主席、中共中央政治局常委曾庆红同志在一个座谈会上这样评价的——钟南山，他是广东省防治非典医疗专家组组长，他和他的同事们在与非典病魔斗争中，有“四个率先”，就是：第一，率先行动，收治了我国大陆地区第一例（报告）非典型肺炎患者；第二，率先提出“将最危险的病人集中收治到我们这里”；第三，率先摸索出一套行之有效的治疗方案；第四，率先倡导科学合作的观念。

他的精神令人感动：实事求是，坚韧拼搏，勇敢直言，忘我奉献……

除了这些，我们想到了一个德裔美国人写下的优美诗篇——

“青春不是生命的一个阶段，它是一种精神状态；青春亦非粉面红唇和冰肌柔骨，它是刚强的意志、最优的创造力和充满活力的情感；它是使生命之泉源远流长的常青树。

青春意味着勇气压倒怯懦不前、冒险战胜贪图安逸这样一种优良的气质。在这位老者的身上，这种气质的存在常甚于20岁的少年。没有人会单因岁月的流逝而衰老，却有人因抛弃理想而老态龙钟。流年时光可以使皮肤起皱，而熄灭热情却叫心灵起皱。忧虑、胆怯和自疑只会狭限心胸，消沉意志。不管你是80岁还是18岁，那种生命之心——好奇心、不泯的童心和生活乐趣的欢心，人皆有之。你我心灵深处，都有一部无线电台：只要他从他人和造物主那里接受美好、希望、鼓励、勇气和力量的电波永不消失，你的青春就永远燃烧。

当它的天线折断，当玩世不恭的冰雪和悲观厌世的寒冰覆盖了你的心灵，即使你年方 20 也未老先衰；当它的天线久立，当它捕捉到了乐观主义的电波，纵然你 80 而逝也青春永在。(《青春》，塞缪·俄尔曼)”

钟南山，按他的年龄是一位长者，却永远充满青春气质。

南山不倒，青春永驻，我们看到的是一个永远不低头、永远向前走、永远在探索的光辉形象！

第四章　孩提时代

从父亲那儿承袭的品德使我诚挚一生而不失败，从母亲那儿学会无牵无挂，这些组成一篇美丽的童话。

——歌德

1947 年，10 岁的钟南山。

长夜难明赤县天，百年魔怪舞翩跹。

20 世纪 30 年代的中国，军阀混战，社会动荡，内战频仍，经济凋敝，民不聊生。南京国民政府不断加强独裁专制，官僚资本迅速膨胀，人民过着异乎寻常的悲惨生活。

钟南山，就出生在这样一个年代。

生逢战乱　颠沛流离

1936 年 10 月 20 日，南京。

对于儿科医生钟世藩以及他的爱妻廖月琴来说，这是一个不寻常的日子，这一天，他们的第一个孩子在南京中央医院顺利出世了。

刚为一位小病人做完检查的钟世藩匆匆赶来看望他刚出世的孩子。望着怀里天真可爱的孩子，夫妻俩心里却是忧喜参半。忧的是身处乱世，孩子的诞生会让以后的日子更加艰难了；喜的是钟家两代单传，如今终于有了后继之人。

看着孩子那天生的聪慧模样，钟世藩医生便按照出生地的位置，给孩子取了一个颇有气势的名字：南山。因为南京中央医院刚好坐落于钟山南面。这个意义单纯的名字，日后却印证了这孩子攀越高山、跨越巅峰、不断自我超越的形象。

这个呱呱落地的婴儿，就是以后让钟世藩夫妇骄傲的后继之人，中国赫赫有名的呼吸疾病专家钟南山。

钟世藩，钟南山的父亲，福建厦门人。20 世纪 30 年代南京中央医院儿科主治医师，新中国成立后中山医科大学的一级教授，我国著名儿科专家。钟世藩是个孤儿，自小跟着一位叔父在厦门长大，叔侄俩一直过着艰辛的贫穷生活。9 岁那年钟世藩被人带到大上海，给一户人家做仆人，饱受贫穷与颠沛流离之苦。特殊的身世和寄人篱下的生活，使钟世藩过早就知晓了人间苦难与悲愁，养成了异常独立和坚毅的性格。艰难的时世和沉重的生活担子，使他惯于脚踏实地做事而不善辞令。他异常刻苦地学习，以优异的成绩考入协和医科大学。入学时他们全班共有 40 人，但能在这艰险时世中坚持学习并毕业的，包括钟世藩和后来北京医科大学皮肤科著名专家胡传魁等在内，只有 8 个人。

1937 年 7 月 7 日，钟南山还未满周岁。

在古都北京南郊的卢沟桥，日本帝国主义军队悍然向宛平城开炮进攻，发动了蓄谋已久的全面侵华战争。7 月 29 日，北平沦陷；7 月 30 日，天津失守，战火迅速蔓延。11 月，侵华日军相继占领上海、苏州、淞江等地之后，继续向南京进犯。日军铁蹄所到之处，生灵涂炭，满目疮痍。中国军队在上海英勇抗战 3 个月之后，撤退到南京附近。国民党政府宣布一部分政府机关迁往武汉办公。从前线退下来的国民党军队大批涌到南京，市内一片混乱。

这一年的冬天，在南京沦陷前夕，钟世藩带领一家老小随国民党政府西迁的 20 余万人离开南京，前往贵阳。行程十分辛苦，颠沛流离，风餐露宿，人们夜以继日地赶路。一路上，流浪、行乞的人遍地皆是，难民所里人满为患。

和同时代的人一样，童年在钟南山的记忆里，印象最深刻的便是回响在耳边的空袭警报声、日军战机的轰隆声、无情炮弹的爆炸声和人们在炮弹声中的呼喊声……在钟南山的记忆中，他们的家就有两次被飞机轰炸过。

第一次是在南京沦陷前，一天，日军的战机又在上空回旋，只听见一声巨大的爆炸声，钟南山外婆家的房子瞬间被炸得支离破碎。幸运地躲过了炮弹的年迈的外婆不顾一切地冲进浓烟火海，寻找还在屋里的不满两岁的钟南山！当她满身灰黑地找到吓坏了的钟南山时，涕泪交集。多年后，当慈爱的外婆向后辈们提起这惊险的一幕时，仍然忍不住眼眶润湿，虔诚地两手放在胸前，真心感谢上天对她以及孙儿的仁慈。

第二次是在贵州，那是1943年的一个星期天，钟世藩夫妇带着钟南山和他的妹妹全家到公园游玩。钟南山带着妹妹玩得正欢，突然传来了尖锐刺耳的空袭警报。公园里的人顿时乱作一团。钟南山和妹妹来不及跑到防空洞，就在父母亲的带领下急急躲到附近的玉米田里。

只有7岁大的钟南山紧紧抓住妹妹的手，两个人吓得脸色青白，不敢呼气。很快，远处、近处连续不断地传来一阵阵的轰炸声，清亮的天空被一股股呛人的黑烟、灰烟笼罩。

等钟世藩一家大小安然赶到家里的时候，才发现，钟家的房子已被炸成了一堆断壁残垣……

母亲的故事父亲的书房

当房子被日军飞机炸掉之后，钟世藩一家就暂住在医院的一间临时的小房子里。当时同住在医院里的多是些教授、医生以及他们的家属，于是这些医生们的孩子就理所当然地成为一起玩耍的伙伴了。钟南山是其中较小的一个。

和父亲钟世藩沉默寡言的性格不同，在父母的关爱下，钟南山自小活泼好动，虽然年纪比别人小，但却常常表现出独立坚强和充满自信的个性。据钟南山回忆，有一次，几个小朋友在商量着怎样玩一个新做好的木制手枪。大家争论不休，有的这样说，有的那样说，尽管钟南山对手枪的认识也是似懂非懂的，但他仍大胆地向那群大孩子们提出了自己的建议，要把做好的枪柄截短才更好玩。在小孩子的争争吵吵中，年幼的钟南山最终说服了大家……就这样，在和孩子们的打打闹闹中，钟南山渐渐长大了。

抗战的那几年，中国老百姓的日子可谓历尽艰辛。通货膨胀，物价飞涨，像钟南山一家这样，靠双亲行医有一点微薄收入的，也只能是勉强度日。钟南山记得有一次理发的时候，要背上母亲给的一书包国民党金圆券，才敢堂而皇之地走进理发铺。后来钟家到了贵阳，正是长身体的钟南山和妹妹每天的佳肴就是吃咸菜，能吃到一次腐乳就已经是好得不得了的事情了。有一次，钟南山请一个小朋友到家里吃饭。这个小朋友的家里人是院长，在美国很有钱。钟南山的母亲为此特意准备了丰盛的午餐，大家吃得很开心。可是到了下午 2 点钟，钟南山应邀到这个小朋友家玩的时候，发现家里丰盛的午餐并没有让这个小朋友吃饱，他中午回到家后又重新在家里吃了一顿饭。这个发现像个小锤子砸在钟南山的心上，让他久久未能忘怀。

就这样，日子艰难，但没有难倒从小就有着韧性的钟南山。他每天带着妹妹上幼儿园，在老师的带领下学习、玩耍，下午乖乖地坐在门口等父亲回家，晚上回到家里就听亲爱的母亲绘声绘色地讲述各种各样的故事。

钟南山的母亲廖月琴，祖籍厦门，家里是生意人。她毕业于协和高级护理专业，毕业后曾由当时的卫生署派出到美国波士顿学习高级护理。新中国成立后，担任过现中山医科大学肿瘤医院副院长，是广东省肿瘤医院创始人之一。

这位有着良好素养和强烈自尊的母亲除了热爱医术，还博览群书。她常常陪着两个可爱的孩子玩耍，给他们讲书里各种各样精彩的、动人的故事，讲医院里感人的或者有趣的故事，希望孩子们先从故事中体会到人生百味。钟南山那强烈的自尊心，同情弱者、乐于助人的善良品格，便是从母亲那儿继承过来的，从母亲的故事中学会的。在这当中，钟南山记得最牢的就是母亲给他讲那感人的《礼物》的情景：有一对深深相爱着的夫妇，生活很贫困。到了圣诞节，为了送给对方礼物，妻子不惜将自己一头漂亮的长发剪去，换成丈夫最喜欢的一只手表的表链；而丈夫则将自己最喜欢的手表换成一把很漂亮的梳子送给妻子……

廖月琴跟她的孩子讲的这个故事来自美国作家欧·亨利的著名小说《麦琪的礼物》，欧·亨利所写的这个“为了对方而牺牲了他们最最宝贵的东西”的故事，给钟南山留下了难忘的印象。人与人之间的真、善、美往往就在于对别人无私的奉献。钟南山暗暗把这感人的情节记在了心上，也就将母亲的善良、将故事的真意铭刻在心。

1946年，在贵阳，正当钟南山和一群小朋友在医院里追逐玩耍的时候，突然间，一个美国大兵横冲直撞地冲进了医院，匆匆忙忙地把一位身负重伤的中国妇女丢在了医院的病床上，甩下了一点钱便扬长而去。医院里的医生、病人们顿时议论纷纷。原来这个美国大兵的吉普车在大街上横冲直撞，硬生生地压断了这位中年妇女的腿，于是把她送到医院，但是这个自视甚高的美国大兵像是毫无愧意一样留下钱之后就大摇大摆地走了。目睹了这件事的钟南山那天晚上怎么也睡不着，他不仅仅是为伤者难过，那幼小的心灵更是感到愤愤不平，为什么中国人要受外国人欺负？！他翻来覆去地想了又想，暗暗许下了愿望，要按教会学校里教的那样，长大了要为穷人服务，也要按母亲所讲的那些穷孩子要上进的故事一样，长大了要保护好人，不让坏人欺负。

抗战胜利后的第2年，一个薄雾蒙蒙的早晨，钟南山一家乘船来到了广州。那年钟南山11岁。

广州，是一个无论什么年代总能焕发出勃勃生机的地方。相传很久以前，有五位南海仙人骑着五羊降临楚庭，五羊口里皆衔着金穗。众仙洒下春雨，留下金穗，祝福本地风调雨顺、五谷丰登之后又飘然而去。当母亲把这个美丽的传说告诉刚来广州不久的钟南山时，钟南山总在心里绘画着那五位济世仙人的模样和本事，殊想不到在后来的日子里，钟南山自己也成了在广州悬壶济世、造福人民的名医。

钟家最初在广州的房子是当年岭南大学东南区的一栋红楼，绿树环抱，鸟雀啾鸣。小楼是方方正正的三层红砖瓦房，雅致、悠然。楼的中间是一个露天的小院子，稀稀疏疏地长着馨香的花草。楼的后面有一大片青葱欲滴的竹林。每天早上，微风中荡漾着阵阵清脆的读书声，飘至红楼，使这幽雅宁静的环境更惬意了。然而最吸引钟南山的，还是那紧挨着窗台边的一根竹子。这根竹子又粗又壮，身上满是一圈圈的节眼。它顽强地把腰杆直直地挺到钟家二楼的窗台。活泼好动的钟南山又怎能抵挡住这样好玩的诱惑，趁父母亲不在家的时候，他爬出窗台，抓住竹枝，顺着竹竿往下溜。从此，这根竹子便成了他出入家门的“滑梯”。

初到广州，尽管钟南山和妹妹都不会说广州话，但也能和周围的小朋友们打得火热。钟南山还常常加入他们的队伍当中。当然，在钟家小楼里，钟南山可不敢有什么轻举妄动。但聪明的钟南山早就发现红楼旁茂密的竹林是最佳的战斗地点，因为在里面怎么玩，也不会轻易给人发觉。有一次他和小伙伴们在家里玩着玩着就吵了起来，一时兴起，钟南山便学起小人书里大侠的样子，约小伙伴们到竹林里一决高低。要不是钟南山的母亲及时制止了这场决斗，钟南山也许就成了“武林高手”了。

当顽皮的钟南山静下来的时候，他和博学多才的父母亲一样，与书结缘了。

每当活泼好动的钟南山一来到父亲的书房，就像变了个人似的沉静下来，沉迷在书的世界里。书，像是一个奇妙的世界，深深地吸引着钟南山。

从小白鼠开始的医学启蒙

钟南山个性活泼好动，却也异常聪慧、懂事。在家庭的耳濡目染中，他渐渐对医学有了兴趣。

一天，钟南山发现家里来了许多“不速之客”——一群可爱的小白鼠。这可把好奇的钟南山乐坏了，他以为这是父亲专门为他消遣找来的玩伴，便急急忙忙地跑去找母亲问个明白。母亲笑着反问他：“那你喜不喜欢那些小白鼠呀？”“喜欢！”钟南山脱口而出，不假思索。看着钟南山特别认真的样子，母亲告诉他：“这是你父亲用来做实验的小白鼠，可不是给你玩的。”还在兴头上的钟南山一听，顿感失望。

但是等到父亲回来的时候，钟南山又开始缠着父亲告诉他给白鼠做实验的事情。原来，钟南山的父亲在美国学成回国后，他的特长是从事乙型脑炎病毒的培养和分离研究。在20世纪50年代，他的科研题目是小鼠胚胎培养病毒，由于当时科研经费比较缺乏，他就用自己的薪水买来小白鼠，在自家的书房里做起了实验。

从此以后，每天放学回家，钟南山总爱到父亲的书房里逗弄小白鼠玩。当然，对于钟南山来说，最好玩的还是父亲的实验。每次父亲做实验的时候，他总要在旁边静静待着，仔细地看着父亲的每一个动作，同时还和父亲一样关注着小白鼠的变化，认真极了。这时，他的脑子里总是冒出一个又一个的疑问，他很想弄明白父亲为什么要这样做，小白鼠又为什么会变成了那样，总想刨根问底，但他知道实验的时候不该发问，不该打断父亲的工作。直到实验完毕，他才迫不及待一股脑儿把问题向父亲倾诉出来……

父亲见钟南山对小白鼠这么热心，就有意地让儿子多与它们接触。他觉得，熟悉小白鼠的习性、生理与机能，对于学医之人，是很有好处的。他与钟南山商量，要他帮助自己照看小白鼠。照顾小白鼠的要求很简单，就是要喂养它们，在喂养的同时，当然可以逗小白鼠玩了。于是尽管鼠窝里总是散发着一种难闻的臭味，但钟南山还是乐呵呵地接受了这一开心的任务。从此，钟南山就成了家里的“白鼠饲养员”，也是一名最负责、最有耐心、最称职的小饲养员。

有一次，钟南山放学回家，经过回家的小巷时，听到有一位 40 来岁的男子向人焦急地询问着些什么。从模模糊糊的吐词中，钟南山似乎觉得像是与自己家有关的事，仔细听了一下，果真是这位中年汉子在向街坊打听他家在哪，因为他们家有一个病人等待钟南山的父亲去救治。只听见街坊们这样对那位叔叔说：“你往这边一直走过去，哪家门口有一股老鼠味，哪家就是啦。”还没有说完，那位叔叔连向街坊们道谢都来不及说就匆匆往钟家跑。等到钟南山回到家问母亲发生了什么事，方知父亲就是被刚才那叔叔接走去治病人了。

就这样，作为一名小饲养员，钟南山开始逐步了解到一些最基本的医学、医疗知识。更为重要的是，在帮父亲照看小白鼠的过程中，不知不觉地锻炼了他的观察力、耐心和责任心，而这些，正是一个医生所要具备的基本条件。

钟南山小时候，家里时常有一些和蔼可亲、气度不凡的叔叔、伯伯来找父亲。他们往往一来就直接到父亲的书房里，一谈起来就是好几个小时。钟南山总是悄悄地倚在门边偷看，看到父亲与伯伯叔叔们时而沉思默想，时而争得面红耳赤、手舞足蹈，钟南山就会好奇地直奔母亲房里问个究竟。母亲便会笑着摸摸他的头，告诉他："爸爸和伯伯叔叔们正做学问呢。长大了，只要你努力学习，也会像他们一样的。"

在钟南山的记忆里，无论节假日，抑或半夜三更，无论天晴日暖，抑或雨骤风狂，只要医院里有急事，只要一有病人来求助，钟南山的父亲从不推托，叮嘱母亲几句，便匆匆赶往目的地。这一切钟南山都看在眼里。一个风雨飘摇的夜晚，父亲又匆匆出门去了。钟南山也在风雨声中醒了过来，他问母亲："这么大雨，爸爸不怕吗？"母亲望着窗外茫茫的夜空说："爸爸不怕，因为爸爸很厉害。爸爸要去的地方也许风大雨大，但只要爸爸去了，就会让其他的小朋友不再害怕了。"这些朴实的话语，当时的钟南山，或许还难以完全理解，但父亲的行为和母亲的循循善诱，已不知不觉在他早慧的心灵里留下了印迹。

要有理想要当医生

1949 年 10 月 1 日，中华人民共和国成立。鲜艳的五星红旗在天安门城楼上高高飘扬，毛主席"中国人民从此站起来了"的庄严宣告响彻云霄，人民的兴奋心情难以言表。

就在这激动人心的时刻，国民党的军队已一败涂地。在广州垂死挣扎的国民党反动派炸毁了海珠桥。"轰隆轰隆"的爆炸声响彻云天，珠江边哭喊声不断……

在这段时间，连续好几个星期，有两位不速之客常常光临钟家。他们总是夹着个鼓鼓的黑色公文皮包，鬼鬼祟祟地来找钟南山的父亲。但很明显的，他们享受到的待遇与其他客人不同，钟南山的父亲与他们往往是谈不上几句，有时甚至是一句话都没说。直到后来，钟南山才知道，这两个人原来是南京国民党政府卫生署的专员，其中一个还是卫生署的署长。他们是来劝钟南山的父亲——当时广州中央医院（省人民医院前身）的院长，带上医院的巨款逃离大陆去台湾的。就在国民党炸毁海珠桥的那天，在距海珠桥不远的钟家小楼里，钟南山的父亲钟世藩院长再次愤怒地拒绝了国民党南京卫生署的胁迫。这位正直善良，充满爱国之心的医学专家义无反顾地留在了广州。直到广州解放后，钟世藩将一笔款项如数上交给军管会——一共是 13 万美金！

这就是那一代中国优秀知识分子、科学家的情怀。

这一年，钟南山 13 岁。这一幕，深深地印在了钟南山的脑海里，时至今日，依然清晰。

钟南山的父亲钟世藩曾对钟南山说过："一个人能够为人类创造点东西，那就没有白活。"这句话，钟南山也一直铭记于心，不曾忘却。

1949 年 10 月 21 日，广州解放。人们涌上街头，纷纷以各种不同的形式庆祝伟大的胜利，钟南山也在拥挤的庆祝行列里，从小跟着父母亲颠沛流离的他也知道，胜利来之不易。

那一天，钟南山的心里特别激动，他觉得，总有一天，他也要像千千万万的英雄一样，为这伟大的祖国做出贡献，让大家都过上好日子！

新中国成立后，钟南山从广州岭南大学附属小学考上了广东省赫赫有名的华南师范大学附属中学。从 6 岁进学堂起，一直到广州岭南大学附属小学、华师附属中学，钟南山在老师、同学眼里都是一名优秀学生。他对新鲜事物总是充满着好奇心，喜欢追根问底。他爱钻研、爱思考，因此成绩总是优秀。

除了成绩好，钟南山还是个好干部，在小学他是国音组长，中学当上了班长。还是小孩子的他虽然不懂得什么待人处事之道，但他已懂得做事情要多为别人着想，尊重人，要真心真意为大家服务。于是同学、老师都很喜欢他。回到家里，父母亲经常询问他的学习情况。

母亲还常把他拉到一边，问他和同学们是否和睦相处。母亲告诉他：要宽以待人、严以律己，别人有困难时要热情伸出手来……这些，他都一一铭记在心。

在华南师范大学附中读书时，一位老师的话让钟南山十分难忘。"人不应该单纯生活在现实中，还应生活在理想中。人如果没有理想，会将很小的事情看得很大，耿耿于怀；人如果有理想，身边即使有不愉快的事情，与自己的抱负相比也会很小。”直到今天，钟南山还记着这段话。

当时，中国和苏联关系很好，苏联文学在中国很受欢迎。钟南山也迷上了苏联的一些文学作品，他将《钢铁是怎样炼成的》中保尔·柯察金说的话作为自己的座右铭，“人最宝贵的是生命。每个人只能有一次。人的一生应当这样度过：不会因虚度年华而感到痛苦，不会因往日的卑鄙和庸俗而感到耻辱；要在临终之时能够说，‘我的整个生命和全部力量都献给了世界上最最美好的事业——为解放全人类而奋斗。’”他还期望自己能像《远离莫斯科的日子》里的青年一样，几十万苏联青年在赫鲁晓夫的号召下前往遥远的西伯利亚开发荒原，尽管那里的条件极度艰苦，气候极度严寒，但青年们依旧热情高涨，咬紧牙关。因为他们怀着远大的理想，因为他们是在建设社会主义的崇高事业啊！

优异的成绩，善良的品性，少年时代的钟南山开始满怀激情和憧憬，要像父母亲一样，当一名治病救人的好医生！他知道，只要他努力，一定能行的。

第五章　风雨十六年

“我决心竭尽全力除人类之病痛，助健康之完美，维护医术的圣洁和荣誉。救死扶伤，不辞艰辛，执着追求，为祖国医药卫生事业的发展和人类身心健康奋斗终生。”

——《医学生誓词》

钟南山（第一排右三）参加运动会集训

1955年，年仅19岁的钟南山以优异成绩考入北京医学院医疗系，实现了从医理想的第一步。

当初，钟南山父亲希望他报考中山医科大学。然而踌躇满志的钟南山想到更远的地方去看看，他向往着首都北京。当时全班有5位同学报考北医，被录取的只有钟南山一人。

走进北医　扬名赛场

这一年初秋的北京，异常庄严和美丽。标志着祖国新发展里程碑的第一届全国人民代表大会刚刚在北京闭幕。北京正喜气洋洋地敞开博大的胸怀，迎接八方青年学子的到来。经过火车整整两天的颠簸，钟南山提着简单的行李，紧攥着录取通知书，直奔仰慕已久的北医大。

和所有优秀生一样，钟南山上课特别认真，课余时间大多待在图书馆里。他像往常一样，勤思考，注意观察、分析，总结规律，所以成绩优异。钟南山至今仍常常记起当时一位教临床血液学的谢老师，这是一位对工作极其负责的医生。他经常抢救病人，陪在病人身边。

钟南山常常在旁边当老师的左右手，中午错过了饭堂的午饭，就到合作社买点心充饥，又跑回来和老师一起待在病人身边，随时给予帮助。谢老师说，要把病人当自己的亲人看待，要做到尽责，问心无愧，在平凡的工作中实现自己的真正价值……虽然岁月的细流已淡化了谢老师的影子，但谢老师的教导，就像泉水叮咚，流了一年又一年。

同学们至今仍记得的是，钟南山不仅仅是个书虫，还是位特别活泼的活跃分子，他总是积极参加各种文体活动，喜欢和同学们打成一片。

在北医大求学，钟南山成了名副其实的运动健将。自小就酷爱体育运动的他，在读书期间尤其注重锻炼身体，田径、游泳、篮球、举重都是他的至爱。他常说，没有强壮的身体，没有健康的生命，就谈不上学医，更谈不上救人治病。

1956 年，钟南山刚满 20 岁，正读大学二年级。体育成绩突出的他作为北医大的运动员代表之一，参加了北京市高校运动会。以往北医大参加这样的运动会，总是名落孙山。这一年不同了，钟南山在运动会中摘取了 400 米跑的桂冠，为北医大争了光。时至今日，北医大还有几项由钟南山创下的运动记录无人能破。

1958 年，钟南山被抽调到北京市集训队训练，准备参加第一届全运会。

这似乎是突然而来的机遇，使得还是个小伙子的钟南山心里有点七上八下。他担心万一跑不出好成绩，那这几年的努力都将付诸流水。其实钟南山心里也很清楚，尽管心里有着这样那样的包袱，但他一定不会轻易放弃这次比赛的。这次比赛对他而言，是一次前所未有的挑战，是一次真正考验自己的机会。只要有一线希望，就要努力。

钟南山自小就有着不同常人的意志力。开始还没有离校集训的时候，每天下午五点半放学后，钟南山都要在校园里坚持跑步。等到日落西山的时候，他才到校门外的合作社买饭吃，因为这个时候饭堂已经没饭吃了。合作社的饭的分量没有学校饭堂的多，钟南山的胃不太好的毛病，就是这个时候落下的。到了集训地训练的时候，生活则更艰苦了。风吹日晒，都是家常便饭。意志坚定的钟南山都一一挺了过来。正式比赛的日子越来越近了，选拔赛开始了。一直不懈努力的钟南山竟然没被选上。得知结果后的那几晚，钟南山彻夜未眠。那真是一段难熬的日子，钟南山每天处在矛盾和痛苦之中，一下子像是生活里没有了希望。有些泄气的钟南山仿佛完全丧失了斗志。然而，就让那 300 多个挥汗如雨的日日夜夜被这一点点困难轻易抹去吗？钟南山一遍又一遍地对自己说：“不！”他在超强度的训练中不断地提醒自己，在这关键时刻如果放弃了，就等于前功尽弃。离比赛还有两个月，还不是决定胜负的最后关头，要平稳心境，在这最后的冲刺阶段再次挑战自己。

钟南山发挥他那与生俱来的韧性和认真，一个人躲在一边冷静地分析失败的原因。虽然备赛的整个冬天他都训练得很苦，但由于不会“巧”练，所以未能将最佳状态在关键时候发挥出来。经过更科学的计划和全心投入，钟南山充分发挥了那潜藏在他身上的运动分子，更加努力地去训练，克服了常人不能想象的重重困难。恢复了斗志和信心的钟南山在运动场上奋力拼搏，以良好的竞技状态参加了最后的选拔赛。功夫不负有心人，他在高手林立的情况下赛出了好成绩。

1959 年 9 月，在首届全运会上，钟南山像是一匹所向披靡的骏马在运动场上驰骋，以 54.4 秒的成绩打破了四百米栏的全国纪录！

1960 年 2 月，北医大为钟南山所获得的骄人成绩举行了隆重的庆祝大会。差不多是 30 年后，在 1999 年，北医大评选出六位杰出校友，钟南山便是其中之一。后来钟南山常对学生说：“体育活动，我为什么到现在还喜欢，因为它能培养人的三种精神，一个是竞争的精神，一定要力争上游；第二是团队精神；第三是如何在一个单位时间里高效率地完成任务。把体育的这种竞技精神拿到工作、学习上来是极为可贵的。”时至今日，每当提起这骄人的成绩，钟南山总是毫不掩饰心里的喜悦和自豪。只有他心里才真正清楚，大学时代在田径场上取得的辉煌的成绩里曾经蕴涵着多少苦涩的汗水和泪水；也只有他才明白，正是那一次次痛苦的磨难让他走向了成功，正如这田径场上的跨栏，逼迫钟南山的步子迈得更大。

“四清”饥寒　喜结良缘

运动会结束后，北京田径队曾敞开大门，希望钟南山加盟。这次，钟南山作出了一生中最重要的决定：留在北医大继续未完的学业，实现当医生的理想。这一决定源于他的父亲、源于他的母亲，源于圣洁的白大褂，源于小时候家中父亲养的一窝窝的小白鼠，源于他一直铭记在心的《医学生誓词》——“我决心竭尽全力除人类之病痛，助健康之完美，维护医术的圣洁和荣誉。救死扶伤，不辞艰辛，执着追求，为祖国医药卫生事业的发展和人类身心健康奋斗终生。”

1965 年，钟南山到山东乳山参加下乡“四清”运动。当时，由于地方不够住，他一个人住在庙里。在困难时期，即使在严寒的 1 月份，年轻力壮的钟南山也只能啃地瓜干。北方的冬天十分的寒冷，钟南山把棉袄、大衣等能够找到的厚一点的衣服都穿上了，但悠悠长夜还是难以入睡，往往是蜷曲着身子就过了一夜。若是劳动时受了伤，那就更不用提了。到了初春 3 月，地瓜也不够吃了，钟南山只能再往锅里添置些槐树叶。在现在的人们看来，那时候钟南山过的生活真是不可想象的，然而思想单纯的、希望接受劳动锻炼的钟南山却坚持下来了。

就这样，因为长期以来的突出表现，1966 年 3 月，钟南山被批准加入了中国共产党。

对体育运动的酷爱，不仅为钟南山写下了一生中辉煌的一笔，也为钟南山带来了一生中最亲密的伴侣——妻子李少芬。一个平平常常的日子，在一位朋友家里，他认识了主人的另一位朋友——国家女子篮球队队员李少芬，她是广州花都人，1953 年由广州选拔到北京国家队打篮球，是 20 世纪 50 年代中国女子篮球队的主力队员，曾留学苏联，代表国家队出赛 13 年。他们一见如故。同一样的乡音，同一样的志趣，很快拉近了这两位青年男女的距离。

他们相爱了。没有过多地在花前月下卿卿我我，他们相约各自在学业上互相帮助，在球场上互相努力。在钟南山的影响下，李少芬还自学完了好几门医学课程。

在双方家人的赞同支持下，1963 年 12 月 31 日，钟南山和李少芬在北京举行了简朴的婚礼。

倍受煎熬的锅炉房岁月

1960 年，钟南山毕业后留在了北医大。他曾任辅导员、校报编辑。因为多才多艺、能歌善舞，他还参加过校文艺宣传队，之后开始从事放射医学教学。就在风华正茂的钟南山雄心勃勃，打算干出一番事业的时候，一场突如其来的政治风云打断了这一切。

校园里开始铺天盖地地贴着大字报。昔日受人崇敬的老校长、老书记、老教授，一个一个被疯狂的学生们伐竹似地打倒。老一辈受到了冲击，连中年的和年轻的教师也跑不了。庄严的课室变成了斗争的场地，日夜的辩论，剧烈的争吵。热腾腾的实验室却变得冷冷清清了。

这一场政治风云，像可怕的龙卷风一样席卷整个大地，萦绕在每一个中国人的心底。天越发阴沉下来，沉郁的空气使每个人都心惊肉跳。

由于父母是医学专家，父亲在新中国成立前出过国、留过学，因此钟南山的日子很不好过。眼见自己身边所敬仰、尊重的老师、同事纷纷被打倒；昔日可爱、好学的学生执迷不悟，言行疯狂；钟南山痛心疾首。他只有默默无言地忍受着屈辱与悲哀，处处小心，时时留意不说错话，不做错事，以自己的拼命干活来争取别人的信任。

这时，一件更为揪心的消息传来了，钟南山的母亲廖月琴忍辱自杀了。独自远离家人、默默承受一切的钟南山，此时变得更加茫然。一想起曾给他带来无限温暖的慈爱的母亲，这位倔强的汉子便潸然泪下。他怎么也忘不了，母亲那慈祥的叮咛，那悉心的关怀，还有那要从善、要坚强的教导，但是从今以后，这一切都只能出现在那不须担惊受怕的美梦里了。

在那个年代，能够正常工作、直接以自己的劳动为人民服务的人是有条件的，他们往往只能是那些根正苗红、又红又专的工人。知识分子与其他有家庭“背景”、成分不好等被列为“另类”的人，是被挡在“工作”“劳动”的大门之外，是没有资格“为人民服务”的。由于一贯表现良好，钟南山这个在20世纪50年代末为北医大、为首都北京争取过荣誉的人，经过审查，被告之可以参加工作，可以作为一名劳动者为人民服务。于是，钟南山被抽去当锅炉工，烧锅炉是当时最脏最累的活儿，也是最具革命性的地方。

最具革命性的地方确实也最具生命极限的挑战性。用斗大的铁锹，一铲一铲地挖起几十斤重的煤炭，担起来走十几米，甩进烈火熊熊的炉膛里——这就是锅炉工的工作。就这样，钟南山，这个曾在北医大学习了五年临床医学理论的医学生，成为学校里的一名锅炉工。在火热的炉膛旁边，只需来回一趟，就已能让人浑身是汗；一天下来，整个人非得累得趴下来不可。然而，钟南山就是这样，每天都要铲起几千斤煤，每天在炉膛旁来回担煤几百趟。这样大强度的体力劳动，对于一个身强体壮、常年做体力劳动的人来说，尚且是吃不消的，何况是从来只是进行体育锻炼的医学生出身的钟南山？身心疲惫的他终于垮下来，好几次晕倒在火烫的锅炉旁。但倔强的他，不允许自己喊一声苦。多少个日子过去了，钟南山依然一声不吭，默默地忍受着这肉体与心灵上的煎熬。

有一天，上级向群众号召献血，忠诚的锅炉工钟南山毅然报名参加。献出了 400 毫升鲜血的他，晚上还要按时参加锅炉房值班。与往常不同的是，他觉得这天的铁锹特别沉重，连拿起它的力气都没有，更何况要担起几十斤重的煤块，送到十几米开外的炉膛里。已经长满了老茧的双手握都握不住锹把子。这可是一双本来应该用来拿手术刀的手啊！汗水早已湿透了全身，但忍着一口气的钟南山咬着牙工作着，就是要争气！

连日的高强度体力劳动，不足的睡眠，单调的伙食，加上锅炉房特有的闷热空气，终于使钟南山觉得天旋地转，失去知觉，摔倒在炉门口。炙热的空气烘烤着钟南山瘦削、乌黑的脸膛，闪耀的火苗总想跳到他的头发上去，锹把正砸在他的腰间，双脚埋在了他还没来得及送入炉膛的煤块里。

一位来锅炉房打热水的校工和一群医学院的老师救了钟南山。事后谈及此事，钟南山说，当时他以为他真的就这样倒在锅炉房，永远也起不来了。当他醒来的时候，斗室外的雨正淅淅沥沥地下个不停，似乎在不停召唤着他生命中坚持下去的力量。

这时最能给予钟南山支持的，就是远在南方的一家老小。妻子李少芬从中国女篮退役后，就调任广东省女篮教练，现正在广州，一人侍奉着两家三位老人，照顾着他们还不满一岁的儿子。每当他感到累得连动一动的力气都没有的时候，每当他想放下这压在身上和心上的重担的时候，每当他连日加班之后还必须起床，必须去上班，必须去烧锅炉的时候，他总是想起妻子那动人体贴的微笑，想起老人家那热切的期望，想起那正牙牙学语的儿子摇摇摆摆的步伐……正是这些无法放下的想念，把他牵到了锅炉旁边。处于困境中的人最容易想起家，钟南山也是如此，他实在太想了，连睡梦中，最常出现的也是家的场面！

这一晚，钟南山彻夜未眠。他认真地想了想自己，自己不是政治弄潮儿，有着所谓的“不良出身”和一身似乎是不合时宜的志气和清醒；他想起了家，想起了终身为医学献身的父母亲，忽然像是被一股暖流冲击似的，钟南山想到了那藏在心底从不曾放弃过的理想——他要当一名真正的医生，一位悬壶济世的医者，一个以救死扶伤为天职的白衣战士！作为一名医学世家的后代，一名医学专业的毕业生，他应该在医学领域里实现自己最崇高的理想与人生。

1969 年，钟南山参加了下乡的医疗队，到了河北的宽城县。这是一个很穷的地方，那里的医疗条件很差。钟南山跟着医疗队整天去做文艺宣传，当真遇到病人的时候，大家却束手无策，顶多病人痛得很厉害的时候，给他打一针止痛药就完了。钟南山看在眼里，却痛在心里，这就是大家所信赖的医生吗？

他决定要离开北京，离开这个曾给予他知识与力量的地方，离开这个曾给他带来辉煌奖牌的地方，离开这个曾给他刻上伤心印记、留下遗憾的地方。

36 岁时明白了父亲的苦心

1971 年 9 月，拖着孱弱的躯体，抱着几本医学书籍，钟南山一脸疲倦地踏上了南下的列车。

列车慢慢地启动，首都北京渐渐地从钟南山的眼里消失。回想起多年前刚来到北京的情景，钟南山不禁百感交集。昔日的辉煌与热闹像列车的轰鸣声一样在心里萦绕。对于奔向理想的决心，钟南山从来没有动摇过；但对于这次选择，他却心中一点底都没有。

大学毕业的时候，钟南山当时在志愿书上只写了一句话，“一切服从党的分配”。他一直是这样想，也是这样做的。以至于几十年后，他已经成为广州医学院院长，一位大学生问他当时写这句话的原因，钟南山还是毫不犹豫地说：“没带丝毫的私心，因为我是党员，因为当时的我们一切听从党、服从党。”

他选择回南方去当医生。一想到自己想当医生济世救人，他就充满了勇气和希望，充满了力量。

火车终于“挪”到了广州，天还是那么的低、那么的沉，和北京的天没有什么两样。但他还是呼吸到了有别于首都的空气。虽然也是一样的混浊与压抑，虽然处在初冬，但他还是嗅到了一丝春的气息。钟南山需要的正是这一方属于他焕发春意的天地！

望着全身上下都疲惫不堪的钟南山，李少芬简直不敢相信自己的双眼，眼前这个不修边幅的中年男子，难道就是那个屡破北医大纪录、在第一届全国运动会上为北京代表队争取过荣誉的短跑健将？难道就是那个意志坚强、争强好胜的钟南山？见了面，李少芬一句话还未出口，泪水已涌出了眼眶。她勉强含着笑让怀里的儿子亲亲他的父亲。看到日夜思念的亲人，钟南山的身上像是被忽然间又注入了一段强大而温暖的力量。

钟世藩老先生今天也为了儿子的归来起了个大早。一早，他便催促着儿媳带着孙子去火车站接儿子钟南山。他早已和许多老教授一起被当时的中山医科大学革委会勒令退休了。这位已近古稀之年的老人，见证了中华民族一次又一次的巨大变迁，饱经沧桑的脸上爬满了无可抗拒的皱纹。然而就是这样一位老人，硬是凭着一身倔强和一股济世救人的热血，继续为神圣的医学鞠躬尽瘁。当他脱下心爱的白大褂、放下听诊器后，就钻到图书馆去，他要亲自动手，将自己行医 40 年的经验总结出来，献给祖国的医疗事业。

钟南山回到家，顾不得休息，放下行李就径直去见父亲。只见年迈的钟世藩因为眼睛不好，整个身子几乎都贴在桌面，很吃力地写着什么东西。钟南山心里一阵酸楚。后来，钟南山曾回忆起这段时间的情景，“当时父亲（钟世藩）看到在中国广大的基层医院很难用到先进的仪器，只靠简单的症状、体征、用简单的方法来对儿科的疾病进行鉴别诊断。为了提高我国的医疗水平，造福于人民，父亲想，无论如何也不能停下工作。就这样，他写啊写啊，每天都忘我地往图书馆里钻，早出晚归。”图书馆里的人知道钟老先生，每天都特意给他留了位置。

“当时我看得心疼，我劝他注意身体，因为从那时开始他的视力就不行了，以后就看不清了，眼睛不好，写一会就感到头晕，他不听我的劝阻，常说：‘我待在家里干什么，等死吗？’就这样，他这本《儿科诊断和鉴别诊断》终于写出来了，40 多万字，写了 4 年。先后再版了 6 次，每次再版就很快销售一空，因为它很适合中国情况，特别是适用于广大基层医院。出了书以后，当时给了他 1500 元的稿酬。后来我才知道，这 1500 元中，700 元给了帮他抄书的温医生，后来他又自己出钱买了 40 本，发给亲戚朋友。父亲就是这样，他对事业有着执着的追求，心里想的总是希望别人过得更好。”

国之瑰宝！钟世藩老先生是当之无愧的。为了人民的利益，社会的价值，他饱受磨难和委屈，却矢志不移，把他的一切知识积累都奉献出来。

钟南山这样回忆父亲临终时的情景：“他在临终之际还特别嘱咐我，千万不要开追悼会，浪费别人的时间。到最后的几天，他还和我讨论磁场会不会对病毒的毒性有作用，他一辈子都在追求学术上的东西。这件事给了我一生很深的影响。他是个实在的人，我在日记里头讲：‘一般人都是赞扬我的多，可他总是批评我。’”这一幕永远地留在了钟南山的心里。

父亲对钟南山的批评，其实是“爱之切”，故“苛之深”。钟南山刚从北京回到家的一段时间，钟南山总觉得父亲的眼中充满了难解的忧虑，父亲在担心什么呢？钟南山不敢多问。直到一天，不爱说话的父亲突然向他问了一句：“南山，你今年几岁了？”钟南山没明白父亲的用意，恭恭敬敬地回答：“36 岁。”“唉，都 36 了……”父亲深深地叹了一口气，没再对钟南山说什么。

这一夜，品味着父亲尚未说完的话，钟南山想了很多很多，他明白父亲的苦心，也知道自己都36岁了，还一事无成……他心里的愧有如翻江倒海。

许多年后，钟南山总是对别人说，他的医学事业是从36岁真正开始的。

咳血 呕血

1971年底，钟南山被调到广州市第四人民医院里当一名普通的医生。广州市第四人民医院位于广州长堤，处于解放路和沿江路的交界地。在钟南山来到医院的第二年，即1973年，广州市政府将它改为广州医学院的附属医院。从那以后，钟南山的人生、事业、荣誉和奋斗都与广州医学院联系在了一起，他因为“广医”而取得了巨大的成功，“广医”也因为他而声名鹊起。

钟南山初到医院，便向院长表明了自己的愿望：去外科，当一名胸外科医生。在医学的理论与实践上，有外科与内科之别，外科比较容易出成果。一方面，外科疗效快，能立竿见影，而内科是一个循序渐进的过程，不易让患者立时看到治疗的效果；另一方面，在外科治疗中，能够看到病情转化和治疗的过程，因此归纳总结经验教训，以及写科研论文都比较容易。急于以成功来证明自己的钟南山当然想去外科，他太需要在实际医疗过程中检验自己的行医水平和实力了。

但一位领导的一句话，一下子将钟南山打入了冷宫。第四人民医院的“革委会”主任说：“钟南山已经36岁了，还搞什么外科？”一票否决。结果钟南山被安排到了医院急诊室，从最基本的东西干起。这让钟南山有点难以接受。

平心而论，钟南山此时能进急诊室，从事急诊，也是勉为其难的。他只有真正的三年半的医学基础理论与基础操作学习，还没有进入临床阶段就被拉去田径集训，从此以后就再也没有接触临床了。即使是他代表北京队比完赛，重新选择了医学，也是进入了北医大为适应20世纪60年代国家研制原子弹的需要而开设的放射医学专业学习，随后便是毕业后频繁的政治运动和颠沛流离的生活经历。从参加集训到现在在第四人民医院当一名小医生，整整 13 年，钟南山没正式接触过临床医学的相关教育。因此这个时候的钟南山感到自己基础不够，干得十分吃力，工作起来也并不开心。

1971 年的夏天，钟南山所在的急诊室接到一个电话，说广州增城的罗岗有一个肺结核大出血的病人，要立即送来广州会诊。当时正是多雨季节，这一天大雨滂沱，去的路泥泞不堪，很不好走。正当主任踌躇着派谁去的时候，钟南山听到了这件事，马上主动向主任请缨。

主任应允了，便让钟南山和司机一起冒雨上路了。

南方的雨一下，就是倾盆大雨，车开得非常慢，本来只需一个半小时的车程，这天却走了 3 个小时。

钟南山到那里去之前，增城当地的医生已为患者作了初步的诊断和护理。因为患者曾患过肺结核，所有一切症状似乎都表明患者是肺结核大出血。钟南山心想，这应当送去专科医院治疗，于是决定将患者送回广州市结核病防治所。在路上，患者又出了一次血，是从口中呕出来的，呈黑红色。虽然患者出血的频度和色泽与肺结核咳血有些不同，但此时的钟南山还是以为患者是肺咳血，把患者送到了结核病防治所。

钟南山返回医院时，已是下午五点半钟了，他跟当值的医生简单交代了一下接回病人的经过和患者的症状，就回家了。

但第二天钟南山去上班的时候，马上就感觉到了同事们异样的目光。一进主任室，钟南山只听到主任从绷紧的嘴唇中吐出几个字，“他们说那病人是消化道呕血，马上去接回来！”

钟南山立即听明白了主任的话，也知道了事情的严重。他马上去将那位可怜的患者火速接回医院。病人接回来后，第四人民医院的内、外科医生来了很多，立即为这个病人会诊、开刀。

当时患者血压为零，但还是大口大口地吐血，这时血是鲜红的。因为来不及用点滴管为患者输血，医生就用 100cc 的玻璃针管直接为患者输血，紧急开刀剖腹。原来是一根鱼刺，刺中了病人的胃小动脉，引起了大出血。

病人终于脱离了危险。但留给钟南山的，是一生也难以抹去的记忆。这次误诊，给了他很深的刺激，让他明白和知晓了自己的医学功底是多么的浅薄，医疗基础是多么的苍白。别人在背后对着钟南山指指点点，有些还不无讥讽地说："钟南山连这点常识都不知，连咳血与呕血都区分不了，还当什么医生，搞什么急诊？"钟南山听在耳里，痛在心里。自己以前自视过高，所以才会有今天的误诊；自己不认真学习，所以才会有今天的医疗笑话的出现，这对于医务工作者是笑话，对患者本人，对患者的家属，这可是人命关天的事啊，开不得玩笑呀。

钟南山从迷茫中彻底惊醒了，虽然自己已经 36 岁了，但路还得走下去，而且得认真地走下去。

从零开始

误诊事件过后，主任特意来找钟南山，问他"累不累"，意思很明显，就是想让钟南山主动提出调走。这令钟南山很沮丧，他直言自己不累，而且表示将拼命干好这份急诊工作。

后来，医院应钟南山的要求安排他到病房工作，并和病房的一位叫郭南山的同事对调。但病房一开始并不愿意放走那位"南山"，并放言："此南山非彼南山也。"这件事又一次深深地刺激了钟南山，他开始拼命地钻研医学知识。

自误诊事件以后，钟南山很留心地注意每一位同行医生如何询问病情、检查症状、开单治疗；他仔细留意每一位走进急诊室的病人的症状、病因与治疗过程；他不怕被人耻笑地向医生们求教每一个自己不懂的问题；他认真地观察面对这种病情医生为什么会这样处理，而面对另一个病人又会采取另一种治疗方法；他不断地考验自己如果自己面对这位病人该怎样处理；他每晚完成了手头的工作和学习之后，到 12 点夜深人静之时，总是很认真详细地整理当天的医疗笔记；他把自己关在家里、心电图室中拼命地读书，研究实验仪器和实验操作步骤；他开始利用一切空余时间背医学专业术语和专业英语。

钟南山越来越瘦了，而他的笔记本却越来越厚了。

同事们都觉得钟南山变了，但妻子李少芬却觉得他只是恢复了他固有的拼搏精神与自信心，连当时的钟世藩也只是觉得钟南山在做一件应该做而且从小到老都应该做的一件再普通不过的事。

就这样，钟南山选择了自我奋斗之路。和别人一样，他也必须参加各种形式的批判会、批斗会，参加各种形式的政治学习会搞“三忠于”，学“老三篇”。别人参加过的一切，他也不能落后。然而，风吹雨打更坚强的钟南山，对学习始终有着一种很强烈的饥饿感。为了不让人说他是“白专”，他常常在夜间开完批判会之后，独自跑到心电图室锁起门来偷偷读书，啃学术著作，攻英语疑难。钟南山以他从竞赛场上与人争第一所得来的拼搏精神与自信心，将失去的医学知识一点点地拾了回来。钟南山在重拾书本的过程中，也大大丰富和拓展了自己的医学知识与临床经验。

大约半年后，钟南山有了四大本医疗工作笔记，在急诊方面已经差不多是个熟手了。八个月后，医院的医生这样评价钟南山，“他顶得上一个主治医生啦”。当他们说出这样的赞誉之语时，钟南山的体重足足减轻了 20 斤！

就在钟南山踌躇满志，想在急诊方面继续钻研，更上一层楼的时候，“革委会”来要人，去干慢性支气管炎的群防群治工作。原来在 20 世纪 70 年代初，针对我国慢性支气管炎的发病情况，周总理向医务界发出号召，要求广大医务工作者做好慢性支气管炎等呼吸系统疾病的群防群治工作。全国各地不仅把这件事当作一个医疗卫生问题来抓，还把它当作一个政治问题来抓，因而很快就在全国掀起了一片开展慢支炎防治与研究的高潮。地处祖国南方边陲的花城广州，不甘落后。“革委会”下令在第四人民医院成立慢支炎防治小组，同时就在第四人民医院抽调医生参加这个小组。

很多医生觉得慢支炎等呼吸系统疾病没什么东西可搞，都不想去。当时的“革委会”领导想来想去，就是找不到适合的人选。这时有好事者向他提醒，说急诊室的钟南山可堪此“重任”，可以调他去慢支炎防治小组。“革委会”领导恍然大悟：“对，钟医生最适合了！”就这样敲定了人选。

再说钟南山，现在在急诊室干得可开心、顺畅了，简直可用“如鱼得水”来形容。但他现在想的是医院要选人参加慢支炎防治小组，很多医生不愿意参加，自己是个党员，就应如同当初填写毕业分配志愿书一样，听从党的安排。在这样的想法驱动下，院长为选派钟南山去慢支炎防治小组的事来找他，他马上就应允了，态度之诚恳着实令院长吃惊。这位德高望重、在“文革”的风风雨雨中还坚持日常工作的老院长，感觉到眼前这位入道虽晚，年龄偏大的汉子，日后定会大有作为。

痰中有学问

钟南山就这样去了慢支炎防治小组。一去，才知道为何无人想来这里了。这个小组总共才三个成员，组长侯恕，另一位是女大夫余真，再一个就是钟南山了。当时钟南山已经37岁，但在这个小组中，还是年龄最小的一个。

虽说是响应周总理的号召，进行慢性支气管炎等呼吸系统疾病的群防群治，但对于一个原先在这个领域一点儿专门基础和专业人才也没有的小组来说，群防群治谈何容易？于是，他们所干的活，就是三天两头为慢支炎患者检查一次身体，照看着患者们蹲在墙角晒太阳。

可以说工作极其简单。对比起昔日忙碌的急诊工作来，钟南山简直就闷得慌。这样碌碌无为的生活，与在北京烧锅炉有何区别？钟南山又陷入了痛苦之中。但对于钟南山这样一个心存大志的人来说，是不会放任自己碌碌无为、饱食终日的。

这一天，他心绪不宁地走在晒着太阳的慢支炎患者中，漫无目的地走来走去。走着走着，他就瞧见了病人吐在地上的痰。本来这东西他见惯不怪。但在今天钟南山看来，它们却呈现出五彩斑斓的色彩，看着看着，钟南山竟然蹲了下去。病人们以为钟医生丢失了什么东西，却不知晓钟南山正在寻找解救他们的妙方。钟南山惊奇地发现，慢支炎患者们吐出的痰各有各的不同，即使是一个人吐出的痰，也多不相同。钟南山直到二十几年后的今天，都无法解释自己当时怎么会突然有了那种奇妙的感觉。他说从那个时刻以后，自己就走上了研究呼吸系统疾病的“正道”。

在医学上询问病情症状时，常问的就是有无咳痰，作病历记载时也只是“有痰”就可以了，让人以为痰只不过是痰，没有什么不同。这次偶然的发现，却令钟南山着实惊奇不已，为什么痰有不同呢？钟南山决定再继续观察几天。虽然几天来的观察结果与第一次所见没有什么两样，但还是让他掌握了一些患者咳痰的规律。钟南山不由得激动起来，他有一种预感，这里面一定大有文章。

在例常的碰头会上，钟南山向两位前辈报告了自己这几天的观察，以及自己所做的关于这方面的预测。侯、余两位医生一听，也立即来了兴致，觉得能在这个问题上作出文章来。

三人立即着手观察、归纳、总结、查阅书籍、制定研究方案和实验计划。

防治小组成立之初，并没有一个明确的目标与具体的任务，就是为了响应周总理的“群防群治”号召而建立起来的，因此医院在这方面的研究还是个空白。现在三人小组决定，从痰样分析开始，真正开展起呼吸系统疾病的防治与研究工作。就这样，防治小组迈开了日后走向辉煌的第一步。

中医中有“化痰止咳”之说，将痰分为清、淡、浓之别；西医中也十分注重痰对病情病状的影响，但两者一个太虚，一个治标不治本，如果开展研究，势必会走到前人的老路上去，这是三人所不愿看到的结局。能不能另辟蹊径呢？似乎能，也似乎很难。于是慢支炎防治小组名下的患者们忽然发现，三位平日有说有笑的医生像是突然有了什么烦恼，比以前也安静了许多。终于有一天，三人不约而同提出了一个大胆的设想，即是用中西医结合分型来诊断和治疗慢性支气管炎。这在当时是一个非常大胆的设想。

慢支炎防治小组本身就是在一穷二白，毫无基础的情况下仓促上马的，因此要技术没技术，要设备没设备，一切只能靠自己。当时，慢支炎防治小组连一台像样的呼吸机都没有，对于危重的病人，防治小组的三位同志只能用人工轮流手捏皮球呼吸机，来进行抢救和治疗。有时病人不能自主呼吸，侯医生、余医生和钟南山，就实行三班倒，每人 8 个钟头，轮番不停地为病人辅助呼吸，累得他们头晕脑涨，手臂酸软。但就是这样，他们还是抢救了一个又一个的呼吸衰弱病人，抢救成功率高达 60%。

在当时天天大会，时时批斗，早中晚汇报，事事念语录的情况下，他们就是这样去拼命工作，克服了很多困难，终于在呼吸系统疾病的研究方面取得了一定的成绩。

就在侯恕、余真、钟南山他们三人醉心于呼吸系统疾病特别是慢性支气管炎的防治与研究时，1976 年 10 月 14 日，中共中央正式公开宣布了粉碎“四人帮”的消息。一时间，人们奔走相告，兴高采烈，大众举杯相庆，全国上下一片欢腾。从 10 月 21 日到 30 日，全国 29 个省、市、自治区和人民解放军各部队先后举行盛大集会和游行，坚决拥护中共中央粉碎“四人帮”的果断措施，热烈庆祝粉碎“四人帮”的重大胜利。

似乎是巧合，打倒了“四人帮”后，他们的研究工作有了长足的进展。最早搞慢性气管炎工作的侯恕，率先做广东的紫花杜鹃项目，就是以紫杜鹃花提取物为主的经络注射剂这种中西结合的防治方法来治疗慢支炎，并且使许多病人得到了显效或者临床控制。1977 年，在大庆油田进行防治慢支炎气管炎时，在十几个单位中，他们竟取得了 55%的成功率。再接下来，由于他们在慢支炎气管炎中西结合防治、分型等方面做出了成绩，联合国世界卫生组织传统医学代表团到广州访问，专门参观和听取了他们报告，并给予了很高的评价。

为此，广东省卫生厅决定大力支持慢支炎气管炎防治小组成立研究所，并且专门拨了 10 万元作为所里的科研经费。一下子，钟南山他们三人出了名，也获得了科研继续前进的动力和资金。“要知道，当时的 10 万元，相当于今天的 100 万都不止啊！”钟南山在追述这段往事时，不无感慨地说。在这个基础上，他们于 1979 年在原慢支炎防治小组的基础上成立了呼吸疾病研究所。当时所里只有一台心电图机和八台国产呼吸机，由于地方不够，他们就在病房大楼的天台上搭了个棚子，做起了他们的科研实验。

1978 年，中国知识分子迎来了科学的春天。第一届全国科学大会在党的支持和科技工作者们的努力下，在北京隆重开幕了。钟南山作为广东省的代表也参加了这次历史性的盛会，他与侯恕副教授合写的《中西医结合分型诊断和治疗慢性气管炎》的论文，被评为国家科委全国科学大会成果一等奖。

钟南山事后每每回忆起这次盛会，就会感叹不已：这届大会，汇聚了当时几乎所有在世的科技工作者，由于大家都感慨“十年生死两茫茫”，因而很多科学家与老朋友相见时，都是抱头痛哭。会上，科技工作者们都痛陈了“四人帮”的劣行，阐述科学对一个国家，一个民族的重要意义，完全赞同邓小平同志提出的“科技是第一生产力”的观点，对未来祖国科技的发展和进步充满了信心。

会议期间，钟南山捧读了著名作家徐迟写的报告文学《哥德巴赫猜想》，他完全被书中主人公的时刻拼搏、刻苦钻研、无私奉献和坚强不屈的意志所征服。这位主人公，也坐在这届大会的代表席中，他就是摘取了数学领域皇冠上明珠的陈景润。钟南山从代表席的后面远远地看着消瘦但精神奕奕的陈景润，不由得热血沸腾，觉得自己仿佛只是个 20 岁出头，血气方刚的青年，想大干一场。

在钟南山正想着如何大干一场的时候，忽然传来一个让人兴奋的消息：全国组织公费出国留学考试，凡符合条件的人都可以报名参加。这可是个难得的机会。在经历了十年动乱，与外界隔绝后，能走出国界，向外国科技同行学习科学技术，是人人向往的机会。呼研所的三位创始人，侯恕、余真、钟南山都报了名，并都期待着自己能获得这一难得的出国深造的机会。

第六章　留学英伦

“在我学术生涯中，曾经与许多国家的学者合作过，但我坦率地说，从来未遇见一位学者，像钟医生这样勤奋，合作得这样好，这样卓有成效。”

——弗兰里教授

钟南山（左二）留学英国期间，和同事们的合影。

若没有到英国的留学，钟南山也许可以成为一名很好的医生，但很难成为蜚声国际的呼吸疾病专家，走进世界的学术殿堂。

涉险过关 43 岁赴英伦

和许多人一样，钟南山怀着满腔的热情报名参加了“文革”后的第一次公费出国留学考试。

当时的他也不是毫无顾虑。10 多年没有认真练过英语。虽然并非什么也不懂，但的确什么也不精。从参加慢支炎防治小组以后，钟南山开始专攻呼吸系统疾病的治疗及研究，但对比这一领域的专家及科班出身的人员来说，此时的他毕竟是个半路出家的“和尚”，“经”自然念得要比他们差一点。而且，慢支炎防治小组成立了呼吸疾病研究所以后，钟南山担任该所的副所长，除了日常的医疗科研工作以外，还有许多行政管理上的事务，占用了不少时间。

因为这次是全国性的选拔考试，而不是水平考试，所以钟南山在离考试前的两个星期，向医院请了 10 天假，包括两个周末，一共用了 12 天的时间复习英语。这次请假 10 天，竟是他回到广州后的唯一一次请假。对于钟南山来说，平时的时间只有星期七，而没有星期天，因为天天都在忙！

分数下来了，余真分数最高，62 分，钟南山第二，53.5 分，侯恕考得比钟南山还差一些。按平时的 60 分及格来看，只有余真能够出国留学了。钟南山心有不甘，但也无可奈何，只能筹划明年再考了。然而幸运的是，由于许多人经历了十年动乱后，也如钟南山一样，将英语丢得太多，因而这次选拔考试，平均分偏低，国务院也相应地调低了录取分数线，

45 分及格。这对于钟南山来说真是天大的喜讯。

侯恕、余真、钟南山自成立慢支炎防治小组后，就在一起共事，尽管侯、余两人都是治疗慢支炎的专业出身，唯有钟南山是半路出家，但工作起来三人非常地默契与开心。选拔结果出来了，虽然余真分数在三个人当中最高，但因为政审不合格，被迫放弃了这个机会。三人都感到庆幸的是，钟南山总算赢得了这次机会。

钟南山在日后谈及此事时曾说："当时像余真那样因为'政审不合格'而失去机会的人，全国有很多，浪费了一大批专业人才。就我而言，余真确实比我强，我今天都取得了这样的成绩，如果余真当时也一起出去的话，她肯定比我干得更为出色。"

后来余真与丈夫一起迁居澳门，在澳门开业行医。侯恕后来也获得了到美国匹兹堡一所大学学习的机会。

钟南山于 1979 年 9 月拿到了通知书，马上被要求集中培训，然后就要出国留学了。在那个刚刚才打开国门的时代，一切都显得那么仓促。拿到通知后便要离家，而且一去就是两年，这可是钟南山不曾想到过的。

那天他兴冲冲地跑回家，向年迈的父亲和爱妻通报喜讯，在快要进家门口时，他看到正在读初一的 13 岁的儿子一边在一张小方凳上做作业，一边还哄着已哭成泪人还不到 4 岁的小妹妹，妻子李少芬系着个围裙忙进忙出。钟南山看到此情此景，不禁心有惭愧。自己只顾着工作，家里的事，却没有出过什么力。为了家庭，妻子付出的太多了，她每天都要带领队员训练，还担任广东省体工大队党委书记。在家中，她要照顾好两家三位老人，还要照看好两个还未成年的孩子。如果自己再一走，这个家里老的老，少的少，担子将不得不全压在她身上。

钟南山终究瞒不过细心的妻子。他满心羞愧地递上通知书，换来的是妻子轻轻的一句话——"你放心去吧。家里……有我。"钟南山紧紧握住妻子的手，心里是无尽的感激……

考取第一批公费出国的学员，都被集中到中国矿业学院，进行为期四个星期的英语专业术语和口语的强化训练。钟南山与其他 15 位学员，被编为一组，他被指定为这个小组的小组长。在这个小组中，有搞物理、化学的，也有搞农业的，只有两个是从事医疗卫生方面的人员。到了英国后，他们将分散到各个地方和各个大学中去学习各自的专业。由于大家都是 40 岁上下的人了，又经历了多灾多难的“文革”，因此外语水平都不是很高。钟南山英语底子也不是很好，靠的还是原来在中学时所学的一点简单英语。因此，他在这个训练班中明显地感到了压力。就这样，被“压”着一步步走过来，用了四个星期，好不容易过了国务院所划的分数线。

1979 年 10 月 20 日，16 位肩负着祖国和人民重托的公费生踏上了西行的列车。

国际列车在茫茫的西伯利亚原野上奔驰。此刻，祖国江南正值秋高气爽，而在这异国荒原，已是千里冰封、万里雪飘。这天，正是钟南山的 43 岁生日。他没有和家人一起在温暖的家中度过这一天，而是带着祖国的托付，穿行在风雪凛冽的西伯利亚原野。他还要穿越波兰、德国、荷兰，最后到达英国——进入一家闻名遐迩的大医院进修。

中国人过柏林墙时，遇到了意外的阻碍。也许是由于中国 10 年的闭塞，钟南山这一群中国人，引起了西德海关人员的特别注意——原来，由于国家经济困难，钟南山他们出国之时，每人都带有几大袋的洗衣粉。由于洗衣粉太像当时西方一些人所钟爱的白粉（毒品），因此西德海关人员如临大敌，把钟南山一行 16 位留学生全部扣留了下来。而此时，离火车发车的时间只剩下几分钟。这一群中国留学生急得像热锅上的蚂蚁，手舞足蹈地向警察们比画着、解释着，而身着警服的警察在一旁无动于衷。眼看着火车就要开走了的紧要关头，钟南山本能地吐出了两个英语单词——“Washingpowder”（洗衣粉）。“Washingpowder？”

那位固执的德国人显得很不相信，他脱下手套，用食指从刚才用刀子划开的地方沾出少许白色粉末状的东西，很疑惑地打量着眼前这个高大、黑瘦的中国人，缓缓地将沾有白色粉末的食指伸入口中。钟南山站在旁边一动也没动，坚毅的眼神里流露出焦急与诚挚。德国人终于品出这白色粉末状的玩意儿不是他们所警惕的“白粉’，皱了皱眉头，对着中国人又重复了一遍“Washingpowder”，语音坦然。钟南山笑了，还是那么的真诚。

是火车特地迟开了3分钟，才使钟南山这个小组长带领全体“部下”如期穿越了整个波恩平原，抵达了英国。国际列车经过九天的长途跋涉，终于到达了目的地。

“按照中国医生钟南山的治疗方案办”

1979年10月28日，钟南山终于到达伦敦。踏上这异国的土地，钟南山既陌生又兴奋。10月的伦敦已经带着初冬的寒意，习惯了严寒的钟南山来到西部的依林高校，丝毫不露惧寒之意。钟南山将在这里接受8周的英语训练，为前往爱丁堡大学附属皇家医院进修做准备。

刚到不久，钟南山就收到他的指导老师——英国爱丁堡大学附属皇家医院呼吸系主任弗兰里教授写来的信。钟南山怀着欣喜的心情急忙开启信封。弗兰里教授信中写道：“……按照我们英国的法律，你们中国医生的资历是不被承认的。所以，你到医院进修不能单独诊病，只允许以观察者的身份查查病房或参观实验室。根据这个情况，你想在我们这里进修两年的时间太长了，最多只能8个月，超过这段时间对你不合适，对我们也不合适。你要赶快同英国文化委员会联系，考虑在这里8个月之后到什么地方去……”读着读着，钟南山霎时像被人当头浇了一瓢冷水，他完全意料不到未曾见面的导师竟会给他这样一个忠告。

在以后的日子里，这样的事不时发生。一次，钟南山到大学的纤维支气管镜室参观英国医生作变纤检查时，有位叫瑟特罗的主任特意问他：“你们国家有没有这种设备？”钟南山谦虚地说：“有。”而这位瑟特罗主任一边做检查一边得意地对着这位中国人说：“我已经做了300多例了。”钟南山当时没吭声，因为他知道，即使他告诉那位主任他已经做了2500多例，他们也不会相信的。

就这样，钟南山默默地承受着各样冷遇。

经过了英国方面简单、短期的英语口语培训后，钟南山他们各自走进了不同的课堂。在临别的那一夜，钟南山为大家高歌一曲，唱的是他最拿手的《三套车》：“……小伙子你为什么忧愁，为什么低着你的头，是谁叫你这样伤心……你看吧这匹可怜的老马，它跟我走遍天涯，可恨那财主要把它买了去，今后苦难在等着它……”歌声高昂、忧郁，在这离别的夜晚更显得余音绕梁，令人不能释怀。

余下的日子里，钟南山只能过着艰苦节约的生活，因为他每个月只有 6 英镑的生活费，除了维持最基本的生活外，钟南山连一件衣服都不敢买。为了节约，他每天从居住地步行到学校去，为的是省下坐地铁的钱，能够多买一本专业书；为了省钱，他从不去理发店理发，而是自己动手理发。他还曾义务为其他中国留学生理发，这使他在留学期间多学了一门手艺。

1980 年 1 月 6 日，钟南山怀着惴惴不安的心情前往苏格兰的爱丁堡大学报到。他冒着毛毛雪雨来到爱丁堡大学附属皇家医院呼吸系，找到弗兰里教授的秘书艾丽丝太太，等待弗兰里教授的第一次会见。上午 9 点半，艾丽丝太太带领他走进教授办公室。

那年，弗兰里教授 48 岁，高高的个子，宽阔的前额，目光如炬，让人一眼望去就知道这是一个自视甚高的人。他慢条斯理地转过身来，以一种奇异的眼神打量了一下面前这位学生，第一句话就问：“你想来干什么？”钟南山恭谨地向他说明，是想来搞呼吸系统方面的研究。弗兰里教授反应特别灵敏，脸上掠过一丝神秘的微笑，随即用一种不冷不热的腔调说：“你先看看实验室，参加查看病房，一个月后再考虑该做些什么吧！”第一次会见就这样短暂地结束了，总共不到 10 分钟。钟南山走出教授办公室，内心感到一种莫名的压抑。

夜深了，钟南山躺在床上辗转反侧，无法入睡，今夜对于他来说，像是大海汹涌般难以平静。他情不自禁地反复思量：难道中国人真像那些外国学者心目中想的那样，闭关自守无知吗？不！我们的祖辈曾有过光辉的成绩！两千年以前，中国人就懂得使用麻黄治疗哮喘，西方的麻黄素是

20世纪40年代从我国麻黄中提取出来的！中国早在明朝李时珍时，就已曾运用过洋金花、曼陀罗，这些都是阿托品类的药，都是从中国传出去的……

“我们要挺直腰板站起来，用行动去为中国医生争口气。”这复杂的情绪一直伴随了他好久好久，直到钟南山真正完成了自己的诺言，以自己的行动为中国医生争到了荣誉。

钟南山同英国医生一起，从巡查病房做起，他独到的见解和广博的知识，很快引起了同行们的注意。有一次，在皇家医院胸科查房时，他遇到一位患肺源性心脏病的亚呼吸衰竭顽固性水肿的病人。虽然医生们对患者已使用了一周的利尿剂，但病人的水肿未见消退，生命危在旦夕。怎么办？医生们意见纷纭，多数主张继续增加一般性的利尿剂量。钟南山却提出不同的治疗方案。他根据病人的病史，运用中医辨证的方法，观察舌象，看到病人的舌面干燥、无苔、深红，判断病人为代谢性碱中毒。他认为应该改用酸性利尿剂治疗，以促进酸碱平衡，达到逐步消肿。钟南山提出的方案引起了争议：有的认为凭视觉判断病者为碱性中毒，不是武断，就是近乎无稽；有的认为如果贸然使用酸性利尿剂，可能加剧病人的呼吸紊乱，导致死亡。

两种意见相持不下，大家都等待着弗兰里教授裁决。弗兰里教授沉吟半晌，以复杂的目光看着面前这位执拗的中国医生，然后，指示给病人作血液检测。抽血检验结果表明，患者确是代谢性碱中毒。于是，弗兰里教授毫不迟疑地下达指示：“按照中国医生钟南山的治疗方案办。”

病人连续三天服食了酸性利尿剂后，病情有了明显好转。第四天清晨，病人中毒症状完全消失，水肿开始消退，通气功能亦随之改善了。此时，钟南山的英国同行们开始信服了，他们表示“要重新认识中国人”。皇家医院呼吸系副主任瑟特罗教授更是友好地对钟南山说：“看来中国对呼吸衰竭疾病真有点研究呀！”

这件事以后，英国同行们对钟南山开始给予了正常的信任与合作。

800 毫升鲜血没有白流

钟南山白天参加查病房，参观皇家医院各系的实验室，晚上泡在资料室充实基础知识。

他从浩瀚的资料分析中发现，呼吸生物实验室关于一氧化碳对血液氧气运输影响项目，不仅符合自己研究呼吸系统疾病的方向，而且正是指导老师弗兰里教授期待开展的项目。于是，他决定以此为突破点，主动出击。他废寝忘食，经过两周夜以继日的苦战，终于完成了关于“一氧化碳对血液氧气运输的影响”的实验设计。弗兰里教授看过钟南山的设计，脸上露出了笑容，他赞许地说：“好呀，我们走到一条路上来了，你好好干吧！”

皇家医院呼吸生物化学实验室的一台血液气体平衡仪，是钟南山完成实验设计过程中所必需的工具，要经常依靠它标定氧电极的数据。实验室主任沃克先生告诉他，这台仪器出了毛病，已经闲置一年多了，医院正等着拨款购置新设备。可是，钟南山总共才有两年的进修时间，每分每秒都是十分宝贵的。等设备要等到什么时候？钟南山不是轻易就放弃的人，他决心亲自尝试修复这台仪器。通过仔细检查、摸索，钟南山先后从自己身上抽了 800 毫升的鲜血进行测试校正。经过 30 多次的反复校正，仪器终于“复活”了。沃克先生抚摸着修复了的血液平衡仪，舒心地说：“我们可以节省 3000 英镑了！”站在一旁的摩根医生奇怪地问道：“钟医生在中国也修理过这种仪器吗？”钟南山如实作答：“我是到皇家医院才第一次看到这种高级仪器的！”摩根医生很有感慨地说：“中国人真是不可思议！”

有了设备，钟南山按照原定的设计，开始了关于一氧化碳对人体血液影响的实验。为了取得可靠的资料，他让皇家医院的同行们向他体内输入一氧化碳，同时不断抽血检验。当一氧化碳浓度在血液中达到 15% 时，医生和护士们都不约而同地叫嚷：“太危险了，快停止吧！”大家都很清楚，当人体血液中输入一氧化碳浓度达到 15% 时，即相当于一个人连续吸食 50 至 60 支香烟的量，头脑就会开始晕眩。对于钟南山这样一个从不接触香烟的人来说，其难受的程度更加可想而知了。

但是，钟南山不肯停止。在长期的医学科学探索过程中，他已经知道：成功从不会轻易得到，前进的道路一定会有艰险。要突破，就得付出代价。他毫不犹豫地咬紧牙关，继续吸入一氧化碳，直到血红蛋白中一氧化碳的浓度达到 22%才肯停止。这相当于一个人连续吸 60 支香烟啊！这时的钟南山已经感到天旋地转，难以支持，但他内心是明白的，这正是他实验设计的要求。试验终于取得了令人满意的效果。他的英国同行被他那种忘我的献身精神感动了。

3 个多月来，他每天工作 16 小时以上，每天深夜都坚持整理白天实验取得的数据。每当疲累难熬的时候，他就拿出弗兰里教授第一次写给他的信读一读。它好比一针兴奋剂，顿时促使他振作起来，重新投入战斗。这样，他不仅顺利地完成了要研究的课题，而且对支气管疾病进行了实验观察，开始了新的研究工作。

爱丁堡暮春的早上，空气清新。钟南山呼吸着新鲜的气息，愉快地回到实验室。艾丽丝太太高兴地递给他一封信，是弗兰里教授写给他的。弗兰里教授在信中写道："下周皇家空军代表和苏格兰医学理事会主席要来参观我们的实验室，这关系到我们能否争取得到一笔可观的建筑实验大楼的财政费用。我想请你当天为他们进行有关各种因素对血红蛋白解离曲线影响的表演……"

这是皇家医院对一个外国学者赋予的绝对信任，也是钟南山出国半年来预想不到的结果。他的苦心得到了报偿，他的技术得到了承认，他的 800 毫升鲜血没有白流！

啤酒讨论会

爱丁堡的初夏，阳光灿烂迷人，整个城市像镀了一层黄金，美丽极了。5 月 15 日对钟南山来说是个好日子，下午弗兰里教授到实验室来专程考察钟南山的研究情况。钟南山庄重地向教授展示了自己两个月来从事一氧化碳对血红蛋白解离曲线影响的实验。5 年前，弗兰里教授曾通过数学推导的方法，得出一氧化碳对血红蛋白氧气运输影响的演算公式，在英国医学杂志上发表了一篇颇有价值的论文。钟南山通过自己的实验，不仅证实了弗兰里教授用数据推导方法得出一氧化碳对血红蛋白氧气运输影响的演算公式，而且发现了他的推导公式的不完整性。他认为弗兰里教授的推导方法只注意了血红蛋白曲线位置变化，忽略了血红蛋白曲线形状变化，而这才是主要的。弗兰里教授审查了钟南山的研究报告，感到十分惊讶。他一把抱住钟南山，激动地说："太好了，你不但证实了我多年来的设想，而且有了新的发现。我一定要尽全力将你的研究推荐给全英医学研究会。"他又充满感情地对钟南山说："看来我们有非常好的合作前景，希望你留在我的实验室，时间越长越好！"弗兰里教授最后这句话，显然是为当初自己那封拒人于千里之外的信表示歉意，并极力挽留钟南山这个人才！

一天晚上，弗兰里教授专门为钟南山安排了一个"啤酒讨论会"。"啤酒讨论会"是西方学术界探讨学术问题的一种比较通常的形式，到会的人一边喝啤酒，一边听报告人发表演讲。参加会议的人可以随意提问题，无拘无束地开展讨论。弗兰里教授安排这个会的用意，就是先让钟南山在小范围内报告自己的研究成果，为准备推荐他参加全英医学研究会议做准备。钟南山心情十分紧张。他懂得，今晚这个会将关系到自己的论文能否被通过，能否取得出席下月召开的全英医学会研究会议的资格。

晚上 8 时整，钟南山开始作报告，命题是《一氧化碳对血液氧气运输的影响》，这就是他 10 个月来的研究成果。他的报告赢得了呼吸系、麻醉科、内分泌科的全体医护人员的赞赏，人们热情洋溢地祝贺他成功。

夜深了，钟南山还在实验室整理当天实验的数据。忽然，弗兰里教授的高级助手卡弗里医生敲门进来，意犹未尽地再次向钟南山祝贺。卡弗里是位沉默寡言的人，钟南山刚来的时候，曾多次要求他介绍弗兰里教授的研究工作。他们好不容易在一次喝咖啡的偶然机会交谈了一阵子，但卡弗里很快又离开了。这次卡弗里主动找上门，而且表现得如此热情，实在大大出乎钟南山的意料。卡弗里医生一踏进门便紧紧握住钟南山的双手说：“钟医生，太好了。你今晚的报告，使我弄清了过去一些模糊的概念。你有很多新的发现，前途无限，我诚心地为你祝福……”

1980 年 9 月，钟南山的研究报告在全英医学研究会议上宣读，一鸣惊人。同年 10 月，他应邀到奥地利首都维也纳参加欧洲免疫学会议。在那里，钟南山结识了伦敦大学附属圣・巴弗勒姆医院胸科主任戴维教授。戴维先生非常热情地请他前去圣・巴弗勒姆医院合作，并且商定共同进行对哮喘疾病介质的研究。

光阴荏苒，转眼到了 1981 年的夏天，爱丁堡的阳光还是那样璀璨。再过两天钟南山就要提前结束在爱丁堡的研究工作，应邀前去伦敦大学的圣・巴弗勒姆医院了。

弗兰里教授头一天去美国出席一个学术会议，钟南山在临别前只能向他的夫人和孩子告别了。晚上 8 时多，钟南山来到教授家，还未按门铃，弗兰里太太就出现在门口迎接他了。

大厅里已高朋满座，呼吸系的、麻醉科的和放射科的医生、护士们济济一堂，餐桌上摆着丰盛菜肴和香槟酒。人家正在开酒会，钟南山顿觉来得太不是时候了。他抱歉地向教授夫人说：“真对不起，打扰你们了。我不知道你们今晚有酒会呀！”教授夫人一把拉住钟南山的手，热情地说：“今晚的派对就是为你而设的。来吧，让我们在握别之前一起欢欢乐乐地喝一杯！”人人脸上都绽开了笑容，那么亲切，那么友好，充满了依依不舍之情。钟南山一时间不知所措了。此情此景，他能说什么呢？他只能向大家行了一个中国式的鞠躬礼，边拱手边说：“领情了！我代表我的祖国向朋友们致敬，表示感谢！”他犹如沐浴在温暖的泉水中，人人都向他伸出了友谊的手。心脏科主任米修斯、计算机室主任布拉什给他送上美丽的苏格兰挂画；呼吸系副主任瑟特罗送给他妻子一条手链；教授夫人则为他的子女准备了书籍、玩具……瑟特罗教授领头举杯祝酒，朗声说：“让我们为勇敢者干杯！为钟医生在医学上取得新的成就干杯！”16 个月的朝夕相处，共同合作，钟南山同皇家医院的医护人员建立起亲密的友谊，一旦离别了，大家都有点舍不得！

挑战权威

圣·巴弗勒姆医院坐落在伦敦旧城区，这里许多建筑保留着19世纪的风貌，医院就在著名的圣保罗教堂附近。环境十分幽静。钟南山在这所医院开始了新的研究课题。秋天，钟南山忽然接到全英麻醉学术研究会的通知，邀请他前去做学术报告。

原来，钟南山先前在爱丁堡大学皇家医院进修期间，在研究人工呼吸对肺部氧气运输的影响时，发现自己实验的结果同牛津大学雷德克里夫医院麻醉科的克尔教授一篇论文的结论完全相反。开始，他怀疑是自己在测定上出了差错，因为克尔教授是英国麻醉学的权威，他5年前发表的那篇论文，已为全英麻醉学会所承认。然而，钟南山经过一再的测定和实验，最终证实了自己的结论正确无误。于是他写了一篇论文——《关于氧气对呼吸衰竭病人肺部分流的影响》，并在皇家医院麻醉科小范围内做过报告，引起了一时的轰动。有人认为他狂妄大胆，唯独麻醉科主任杜鲁门教授独具慧眼，认为钟南山的研究很有价值，因此推荐给全英麻醉学术研究会。这是钟南山预想不到的事情。

1981年9月6日，古老的伦敦还笼罩在迷蒙的晨雾里，钟南山已经提前起床了。今天，他特别兴奋，如同一名整装待发的战士，要赶往80公里外的剑桥参加会议。他简单洗漱一下，便匆匆上路了。在火车上，钟南山陷入沉思之中。他想：自己不过是一个名不见经传的中国医生，而对方是英国一位名声显赫的理论权威，是不是有点太不自量力了呢？然而他转念又想，著名的天文学家哥白尼说过：“人的天职在勇于探索真理。”既然我们的研究为了探索，为了追求，那又怎么能避免争论呢？既然科学之所以称为科学，正是因为它不承认偶像，不怕推翻旧的结论。自己已经做出了向权威挑战的抉择，就不能有丝毫的动摇。钟南山抵达剑桥的时候，杜鲁门医生早已在车站等候着。他是提前一天从爱丁堡赶来的。会议在上午10时开始，还早着呢！杜鲁门医生利用这一点空隙，驱车陪钟南山作一次环城游，想让他的心平静一下。可惜，这时钟南山已无心鉴赏剑桥初秋的风光。他利用这短暂的时间，对人们在会议上可能提出的问题又做了一番缜密的思考。因为一场针锋相对的辩论将是不可避免的了。

钟南山的报告安排在下午。他意气风发地走上讲台，在欢迎的掌声中，他感觉到杜鲁门教授投来的信任的目光，内心更感到勇气倍增。他按照杜鲁门医生的设计，首先用幻灯片显示克尔教授那篇论文的主要论点，然后以自己的实验为根据，阐述了不同观点，有理有据地对克尔教授的文章做出否定。最后又通过幻灯显示他自己对氧电极校正所描绘的曲线，进一步证明克尔教授理论的错误。钟南山提出的理论竟然与一向被视为权威的克尔教授背道而驰，与会的专家简直被这个中国人的发言惊呆了。会场上先是一片沉寂，然后是一片骚动。人们交头接耳，众论纷纷，提问者接踵而来。克尔教授的三位高级助手甚至连珠炮似的一连提出了 8 个问题。面对如此来势汹汹的反驳，钟南山不紧不慢地用大量的实验数据和严密论证一一作了解答。他的论据是那样有力可信，使对方心服口服。

按照这个会议的规矩，要是同意钟南山的文章发表的话，会议的常委必须要当场举手表决。结果全场常委一致举手通过了这篇文章。会议主持人、英国临床研究中心麻醉科主任勒恩教授最后起来发言了。他说："在我们实验室里也做过类似钟医生那样的实验，虽然还没有来得及总结，但总的结果和钟医生今天的结论基本一致。我认为这位中国医生的研究有创造性。我衷心地祝贺他的成功！"钟南山的论文被大会通过了。当钟南山走下讲台的时候，清楚地听到几位专家正在惊叹："他来自中国！"

《医学生的伴侣》

在钟南山高大、宽敞的书架上，有一本素白色书脊、硬皮精装的书，书名叫《医学生的伴侣》，它在众多的医学书籍之中，显得是那么的小巧而又纯洁。在旁人看来，它毫不起眼，但在钟南山的眼中，它却记载着一个小小的故事。

那是在 1981 年，钟南山一连做了 6 个科研实验，取得了一些阶段性的成果，但作为一名医生，出国留学而不参观学习先进国家的医学临床技术及最新情况，是说不过去的。因此他很希望到 A 教授主持的非常著名的一所临床医院去看一看，跟着他一起查查房。经过艰难的预约，A 教授只给钟南山 10 分钟时间。

10 分钟如何够呢？还来不及问一个问题，更何况跟他一起查房？该如何安排这来之不易的 10 分钟呢？钟南山一连几天都在想这个问题。但一直想不到最好的解决办法。离预约的时间越来越近了，钟南山还是没有想好该如何利用这 10 分钟，只好硬着头皮去见 A 教授了。

去 A 教授的办公室要经过一段长长的走廊。走廊很静，鞋踏在地板上发出的声音很大。

就在这时候，钟南山不禁打了个冷战，想不到正是这一个冷战竟让钟南山对于如何处理这 10 分钟有了全新的解决方法。“他只给我 10 分钟，我为什么不能突破 10 分钟呢？”异常安静的走廊让钟南山的思维一下子敏捷起来，他记起有一次在图书馆里曾看到过一本 A 教授写的《医学生的伴侣》。当时他对这本书很感兴趣，就一口气把它读完了。他觉得这是简明扼要地介绍有关医学基础理论与基本原则知识的最好的一本书。因为这本书不像其他此类书籍那样，以干燥乏味的图解与概念的叠加完成的一本书，而是像讲故事一样，深入浅出地从人的身体入手，从解剖写到人体的生理变化，再由生理的变化写到他所要说明的医学基础理论与基本原则知识，令钟南山看后感到很有意思，很受启发。

于是，钟南山决定和 A 教授从这本《医学生的伴侣》谈起。进到 A 教授的办公室，A 教授再一次提醒钟南山，说预约的时间只是 10 分钟。钟南山没有客气，直接对 A 教授说，我读过你的一本书，《医学生的伴侣》，觉得它很有意思。A 教授停下了手中的笔，抬头望了望钟，疑惑地问：“你读过我的这本小册子？”钟南山作了肯定的答复，然后又就其中几个 A 教授的独到见解之处点出，说此书从人的整体出发，把人当作一个整体看待，那么人的各个器官之间就不是单独的，而是一个整体了，其中的病理病因也就不是孤立的了。

听到钟南山完全能理解自己的著作，A 教授一下子有了极大兴趣，丢下了手中的笔，摆出了与钟南山长谈下去的架势。此时钟南山很幽默地提醒了 A 教授一句："我们的会谈不是只有 10 分钟吗？"A 教授连忙摇头说："No，No，I'm sorry."当志同道合的两个人正谈得起劲，A 教授的私人秘书探出头向教授提示道，已经超过 10 分钟了，还有另外的客人等着教授。A 教授对着秘书挥挥手说："No，No，I'm busy."就这样，两人从预约的 11 点一直谈到 12 点 15 分，又应钟南山的请求，一起去查了病房。临分别时，A 教授送给钟南山一本刚刚出版的精装《医学生的伴侣》，书上标价 150 多英镑。A 教授在书的扉页上认真地写下了："To Dr.Zhong,from Robert."（赠给钟医生，罗伯特）这样一行字。

"对自己祖国的热爱，不仅出自血浓于水的感情，更源自对祖国深厚文明底蕴的理解和骄傲。"这是钟南山在一篇文章中的一句话。在英国，他以他的实际行动赋予了"中国学者"应有的尊严和地位，赢得了对方发自内心的尊重。

第七章　攀登正无限

“尽我力所能与判断力所及，无论何处，遇男遇女，贵人或奴婢，我之唯一目的，为病人谋幸福。”

——世界著名医学家、希腊人希波克拉底的誓言

2017 年，钟南山团队在慢阻肺防控方面取得重大突破。

从 20 世纪 70 年代末开始，经历了十年动乱的中国以前所未有的速度开始向前迈进。关于真理标准问题的讨论及党的十一届三中全会的召开，使党和国家在思想上、政治上、组织上和领导上的全面恢复并确立了马克思主义的正确路线。这不仅结束了“文革”时期国家徘徊不前的局面，也拉开了我国改革开放的序幕，整个社会主义现代化建设事业从此蒸蒸日上，迎来了各条战线上的春天。

学子归来

1981 年 11 月 18 日，钟南山结束了在英国两年零一个月的进修，从伦敦飞返祖国。两年来，他以孜孜不倦的钻研精神，对呼吸系统疾病的防治研究取得了六项重要成果，完成了七篇学术论文，其中有四项分别在英国医学研究学会、麻醉学会及糖尿病学会上发表。英国伦敦大学圣·巴弗勒姆学院和墨西哥国际变态反应学会分别授予钟南山“荣誉学者”和“荣誉会员”称号。在钟南山心里，这是向祖国交出的答卷。

在钟南山回国之前，英国爱丁堡大学曾经极力挽留他在皇家医院工作。钟南山心里却深深明白，祖国送他们这一批学子出国深造，正是有待于他们为祖国贡献自己的知识与力量。

因此，当皇家医院一位知名人士前来征求他的意见时，他礼貌地回答说：“是祖国送我来的，我要回我自己的祖国！”

钟南山在国外取得的成就是值得自豪的，名高望重的弗兰里教授对他也表示由衷的敬佩。在钟南山归国时，他写了一封信给中国驻英大使馆。他在信中写道：“在我学术生涯中，曾经与许多国家的学者合作过，但我坦率地说，从来未遇见一位学者，像钟医生这样勤奋，合作得这样好，这样卓有成效。”钟南山在大使馆看到教授的信，双眼湿润了，泪珠顺着两颊流了下来。不错，弗兰里教授第一次给他的信曾经伤过他的心，然而，在同弗兰里教授相处和合作的日子里，他已经逐渐喜欢上了这个富于探索精神的英国学者。弗兰里教授注重实际，是一位很好的导师，钟南山进行的多项研究都得到他充分的合作、支持和帮助。钟南山取得的荣誉同弗兰里教授是分不开的。

10 多年过后，钟南山向学生提起：“在我将要回国的时候，导师的挽留，爱丁堡的挽留，的确使我心潮澎湃！是的，那优越的条件，精良的设备，高层次的学术水平，确实有很大的吸引力。但是，爱丁堡毕竟是英国的爱丁堡，而我来自中国，祖国正需要我，我的事业在中国！……在经受了歧视，维护了自己和祖国的尊严后，我更能深深地体会科学家巴甫洛夫的话‘科学没有国界，但科学家却有国界’。……当我回到珠江边的时候，我的心才真正踏实了。”

坐在飞回北京的班机上，钟南山看着窗外那茫茫一片的白云出神，心想：“11 月份的北京也是这么美吧。”初冬的小雪也许早已将整个北京打扮得银装素裹了，故乡的雪毕竟和英国的雾雪不同。钟南山静静地坐在座位上，不禁思潮澎湃，飞越欧亚大陆平原的上空，钟南山终于回到了阔别两年的故乡——中国。一下飞机，钟南山忍不住深深地吸了一口气，像是要努力吸取这两年来都不曾感受过的温暖气息。终于回来了，钟南山在心里喊了又喊。与两年前不同，两年前走的时候两手空空，现在则怀揣着让人骄傲的成果！钟南山迈着稳健而自信的步伐走出了机场。

他不打算在北京过多停留，尽管他也想再细细地品赏北京秋天的美丽，那香山的红叶、颐和园的残荷、陶然亭的蟋蟀、八达岭的长城……但此时此刻，他更想将自己两年来的成果带回到最需要他的地方。没有来得及休息和调整，钟南山又风尘仆仆地赶回了广州。与他身边其他人托运的大件行李形成鲜明的对比，钟南山显得格外轻松。从行李外面的商标可以看出，其他人那些行李都是 20 世纪 80 年代正流行于大陆的“几大件”。难道钟南山没有东西带回广州吗？不，他也有。他确实由水路从英国托运回了几箱物品，但却不是什么流行物，而是几箱书，仅此而已。但这才是真正的万贯家财，无价之宝！

这一年，钟南山45岁，他将广州作为继续向科学高峰攀登的起点。

11月的广州是美丽的，珠江水漾，鸟语花香。平静的珠江轻拍着两岸的石壁，晚霞映照下的珠江水像迎接贵宾的红地毯。钟南山伫立于天字码头的扶栏上，迎着习习的江风，耳边萦绕着久违的浓浓粤语，江面上缓缓驶来一艘拖轮。拖轮上载物很多，吃水很深。江水被辟开了一道深深的口子，浪头拍打着钟南山所站立的沿江路的石壁，水花不时溅起，打湿了他的皮鞋和西裤裤脚，但他毫不在意，毕竟，他已有两年多没有触摸过母亲河的水了。下游江面上又隐隐传来机器的突突声，又是一艘满载货物的拖船，正吃力地在江水中蠕动，驶过钟南山的面前。钟南山发自内心的感慨油然而生："世事真如逆水行舟，不进则退。如今学成回国，该当如舟行逆水，一日三进。"

最后的落日已经看不见了，他于是转身向西，汇入沿江路上下班的人群之中。

主攻方向

在我国人群死亡率排前十名的病种中，因患呼吸系统疾病而死亡的，在城市总死亡率中占第三位，在农村列第一位。1984年，我国全国人口死亡原因按死亡率顺序排列为：心脏病、呼吸系统疾病、恶性肿瘤、意外死亡和消化系统疾病。可以说，呼吸疾病是我国死亡病因中的头号杀手，像呼吸疾病中的支气管哮喘，更是一种常见病和多发病。随着社会工业化的不断发展，环境污染的日益严重，其发病率不断增高。

在我国，经济越发达的地区，支气管哮喘的发病率越高。在广东地区，哮喘与肺癌的发病率居全国前列。广州地区1979年的青少年（13—15岁）哮喘发病率为1.95%，1995年上升到4%—5%。在西方国家（尤其是欧洲、澳洲），哮喘发病率高达8%—10%。20世纪七八十年代，在美国、英国、澳大利亚及新西兰等国家，无论是哮喘的发病率及死亡率均有所增加。美国国家卫生研究院（NIH）于1991年8月发布了“哮喘诊断与治疗指南”，并召集12个国家的专家共同制定了“国际哮喘诊断和治疗报告”。联合国世界卫生组织（WHO）在1993年拟定的“全球性哮喘防治战略”文件中，就哮喘的流行病学、病因学、发病学、定义、诊断及治疗、社会经济问题及预防教育等方面取得了共识，以提高对哮喘防治的效果。

由此看来，哮喘可谓是人类大敌。如不及时系统地治疗，哮喘将会发展成慢性支气管炎、肺气肿和肺心病，不仅影响患者的正常工作、生活与学习，而且，每年将耗费大量医疗费用。

呼吸疾病正严重地威胁着人类的健康与生存！

为何对人类影响如此严重的疾病，长期以来得不到有效的控制呢？这与几个方面的问题不无关系：

一是呼吸系学科长期以来未得到足够的重视，因为呼吸器官的巨大生理功能代偿能力，使临床未能重视呼吸系疾患，并对此丧失警惕性；同时由于呼吸疾病缺少特异性，它容易被忽视，因不能被早期发现而贻误病情。

二是社会人口逐渐老龄化，呼吸疾病如慢性阻塞性肺病（慢阻肺）、肺癌都是老年多发病，人类增寿，使得慢性病和老年病获得发病时间。根据我国20世纪70年代600万人口普查慢性支气管炎，结果显示平均患病率为3.82%。患病率随年龄增长而递增。根据美国资料，65岁以上老年人各种死亡直接原因中，肺炎列第四位。

三是由于各国工业化的进展，大气污染愈来愈严重，同时吸烟的人也越来越多，而大气污染与吸烟正是加速呼吸疾病发病的罪魁祸首。科学的进步，使得原来死于不明疾病的情况越来越少，原来没有揭开面纱的疾病也逐渐显现出它的真实面目来，这其中很大一部分，就是呼吸系统疾病。

基于以上原因，为了攻克严重危害人类健康的呼吸疾病，全世界一批批医务工作者知难而进，与呼吸疾病作艰难而顽强的斗争。在我国，特别是20世纪70年代初，周恩来总理发出号召，要求做好慢性支气管炎等呼吸系统疾病的群防群治工作，更激发起这方面的专家、学者的干劲，更多的专业人士投入到呼吸疾病研究之中。在位于广州珠江之畔的广州医学院第一附属医院中，一群以钟南山为首的刻苦钻研的学者，以令世人瞩目的累累硕果，证明了他们在我国，甚至在亚太地区，在呼吸疾病研究方面处于领先地位，同时也推动着我国在这一领域的科研走向世界前列。

回国后，钟南山有了用武之地。他在英国留学期间，主攻的就是呼吸疾病研治。作为呼研所副所长的钟南山，与呼研所的侯恕、王贵谦一起，研制呼研所今后发展计划，主攻的课题方向。他们决定主要的研究方向是支气管哮喘的发病机理与诊治，缺氧性动脉高压机理与治疗，支气管肺癌发病机理与成人呼吸窘迫综合征的防治，慢阻肺膈肌功能、慢阻肺、肺心病病人营养及营养疗法等方面的研究。

氨气、吸烟与支气管炎

1982年，钟南山和同事们一道，来到广州石油化工总厂进行低浓度氨对工人呼吸功能影响的研究。

氨有臭味，所以在正常情况下，较少发生急性氨中毒，但不等于说长期处于有一定氨浓度的环境中，比如说化工厂、化肥厂的工人，就不会受氨的影响。国内外已有工业意外引起急性氨中毒的报告，但关于慢性氨中毒的报告并不多见。为了观察低浓度氨对呼吸道、特别是小气道的慢性作用及其对肺功能的损害，广州呼吸疾病研究所和广州石油化工厂职业病防治科一起，对广州石油化工厂氨作业区519名工人进行了肺功能检查，并以广州市内相对的非污染区不同职业人员517名工人作对照组，进行这方面的研究。

广州石化总厂是石油化工联合企业，于1978年正式投产，以炼油、合成氨、尿素为主要工艺流程。氨在生产车间浓度很低。该厂环保科1981—1982年对车间空气多次监测（四年来不同地点73次），氨浓度除偶尔超过国家卫生标准外，基本上可以认为是在国家标准允许浓度内。经过钟南山和他的同事们仔细而耐心的检查，并将检查组与对照组对比分析，他们发现，在低浓度氨环境中工作的工人闭合容积肺活量百分数（CV/VC%）异常率显著高于对照组，而接触尿素粉尘的工人，除CV/VC%改变外，还有最大呼气流量异常率升高的倾向。这一事实意味着在氨污染环境内，尽管空气氨浓度低于目前我国规定的允许浓度，但长期接触仍有可能引起小气道功能损伤，并非绝对安全。美国规定氨允许浓度为 18mg/m^3（毫克/立方米），苏联规定为 20mg/m^3，我国规定为 30mg/m^3，究竟氨允许浓度规定为多少才安全，值得进一步探讨。

因此，钟南山和他的同事们认为，氨作业区部分工人 CV/VC%的升高，可能与氨气能直接进入小气道，刺激和腐蚀小气道有关。他们进一步与对照组相比，尿素粉尘除本身机械刺激外，还可以分解为氢氧化氨，起碱性刺激作用，引起大气道损伤，氨道阻力增加，从而使尿素粉尘车间工作的人群中，最大呼气流量异常率有增高的倾向。钟南山的这一成果，为我国制定石化工业中合理的氨浓度标准提供了依据，为石化工人造了福。

钟南山并不是简单地将石化厂的低浓度氨对工人的影响调查研究完了就结束了，而是颇有见地地将低浓度氨对人体、特别是呼吸系统的影响与吸烟对人体、特别是呼吸系统的影响结集联系起来，他作了一个细致的对比，得出的结论是：低浓度氨对呼吸系统的影响，明显低于吸烟对呼吸系统的影响。可以说，这一对比为两年后钟南山和他的同事们在从化开展吸烟对呼吸系统疾病影响的调查研究奠定了基础。

我国有世界上最大的吸烟群体，纸烟消费市场也是全世界最大的。可以说，烟民广泛地存在于 960 万平方公里的每一寸土地上。而吸烟带来的一系列疾病及危害，也是人所共知的。调查研究一个地方的烟民数量（吸烟者的比率）和质量（烟民吸烟的程度），是当地医务工作者应负有的责任和职业义务。在北京、上海、天津、河南等地，医务工作者曾对当地居民进行了吸烟情况的调查。但在华南地区，此项工作尚不足。钟南山和同事们立即着手于既定方案的调查研究之中。他们对广州郊区从化县（今从化区）所属的三个区、五万多人进行了吸烟现状及其与慢性支气管炎关系的系统调查。

从化县距广州 60 公里，平均海拔 52 公尺，总人口为 38 万，多数从事农业。他们选择人口较集中的良口、神岗、街口作为抽样普查点。这三个地区人口共 53895 人，男女比例为 1.08：1。人口分布呈正态：儿童（15 岁以下）占 31.4%，15 到 30 岁占 35.7%，31 到 60 岁占 25.8%，在大于 15 岁的人群中，从事农业的人口占 56.1%。

在普查前，他们对医务人员进行了一周的培训，以便对所有的普查项目取得一致的认识，并有相同的标准。确认吸烟者的标准为每日至少吸一支以上的纸烟，其月积累数量至少为 20 包以上者。

1984 年 3 月，钟南山所在的广州呼吸疾病研究所与联合国世界卫生组织从化初级卫生保健中心、从化呼吸病防治组一起，开始了长达四个月、分为两个阶段的调查。他们一起跋山涉水，先从良口镇入手，一户一户地调查研究，以便掌握第一手资料。有时为了摸清一户人家的发病史，往往得几天的工夫。由于当时人们对这类调查还持谨慎和怀疑的态度，因此给钟南山和他的同事们的调查研究带来了许多的不便和意想不到的困难。

他们在调查过程中发现，有一个胡姓的家族，祖父辈的成员都患有明显的哮喘病，而在儿孙辈中也发现几例哮喘患者，但父辈中却没有一例此病例。为了确证此家族是否患有隔代遗传哮喘病，钟南山和他的同事们需要胡家小孙子的病历资料，然而不知是有意无意，胡家极力支开家中最小的孙子，不让他接触调查人员。好说歹说，胡家人就是不肯让调查人员见他。有些调查研究人员见多方寻求不得结果，有些气馁，想放弃此例。但钟南山不这样认为，他极力说服全体成员们在此地多停留一天。而后，钟南山利用晚饭后的时间，与胡家闲聊，终于从侧面了解了胡家不让他们调查他家小孙子的原因。原来胡家小孙子的确患有哮喘病，稍有一点感冒伤风，就像拉锯一样地喘起来。他们不想让人知道，是怕让别人知道后，人家就会讥笑他是个“哮喘儿”，这在其他几个孩子的成长过程中都曾发生，并给他们留下了阴影。了解这一情况后，钟南山耐心地向胡家说明，他们的调查是保密性质的，掌握的情况、资料仅供科学研究之用，决不会让无关的人员知晓。钟南山亲自为胡家小孩检查患病情况，并开出治疗及防治药单。就这样，在取得了胡家信任后，钟南山和他的同事们的调查研究工作开展得更顺利了，掌握了更多平时难以了解的情况。

进入6月份，被调查者中的大多数人开始进入农忙时期，因此调查组的工作暂时告一段落，等到秋天农闲的时候再来调查。钟南山却没有因此而将研究工作放下来。他充分利用这一宝贵的调查空闲时间，先将这两个月获得的第一手资料整理出来，将原始资料分门别类地归纳整理，决定取舍，并在整理中重新理顺自己的研究思路，使之更加科学、合理。同时，他总结自己与其他工作人员在调查过程中的得失，制定出科学、细致的调查方案，使之更贴近被调查者，更容易为被调查者（特别是农民）所接受。

就这样，到了9月份调查重新开始的时候，钟南山干得更得心应手了。他经常与其他调查人员交流经验，总结教训，大大提高了调查的效率。钟南山和他的同事们调查得更好、更快了，调查结果也更令人满意了。上一阶段平均每个工作日他们只能完成10户人家的调查，但现在一般都能调查20到30户了，最高户数达到一天调查58户人家，而且结果非常令人满意。这一阶段的调查到11月份就完成了预定计划，比预定时间提前了整整一个月。

艰辛调查之后便是更为艰难的研究工作。他们使用的标准是钟南山从英国带回的英国胸科学会ATS－DLD－78A标准咨询普查表，其中有大量的数据计算和统计。但由于呼研所经费紧张，连一台供计算用的电脑都没有，钟南山和他的同事们只能用最原始的纸和笔以及普通的电子计算器，人工计算、统计各种数据。在毅力与科学精神的鼓舞下，钟南山和他的同事们终于摸清了从化地区居民的吸烟年龄、职业分布状况，并由此搞清了吸烟与慢性支气管炎和支气管哮喘发病的关系，并且找到了适合当地治疗情况的防治方法。难能可贵的是，他们又将调查研究出来的结果与上海郊区及香港的普查结果相比较，得出从化地区居民的吸烟与慢性支气管炎发病情况就能代表整个华南地区人群在这方面的规律，从而得出了整个华南地区吸烟与慢性支气管炎发病情况及规律，弥补了华南地区在这方面调查研究的空白。最为重要的是，以此为依据，对于华南地区居民慢性支气管炎的治疗与防治起了重大的指导性作用。

这次调查研究的最直接成果，就是在从化建立起了从化呼吸疾病防治研究基地，为以后的继续深入调查研究打下了坚实的基础。以钟南山为首的调查人员所作的《广州从化地区吸烟现状及其与慢性支气管炎发病的关系》一文，引起医学卫生界，特别是呼吸内科界的关注。世界卫生组织对此高度重视，将其纳入该组织的科研计划。

不速之“客”

有一年多时间，在简陋的广州呼吸疾病研究所里，不时会抬来一个不速之“客”——一头百多斤重的大活猪。每有此“君”出现，钟南山和侯恕两位学者就会钻进搭建在天台上的破旧实验室里待上十几个小时，出来时累得腰都直不起来。有一个好事的职工觉得非常奇怪而且气愤，因为那时城市居民的消费水平还不算高，每次几个人“分”一头大活猪，就已经是很高的消费了。于是，这位好事者就偷偷跑去看到底是怎么回事。他所看到的是钟南山、侯恕正在忙碌地解剖着大活猪，并做着有关呼吸方面的试验。这才恍然大悟，原来钟南山他们在利用猪做科学实验。他为自己的想法而惭愧。为了修正这一思想上的错误，他用自己的钱，买了十几斤猪肉，鼓励这些为了呼研所、为了医学的发展而辛勤工作的科技人员。钟南山他们最终并没有收下这位职工的“礼品”，而是利用这一事件来教育广大职工都来关心和支持呼研所的科研事业，在呼研所乃至整个广州医学院系统掀起一股爱岗敬业、热心科研的高潮。

原来钟南山和侯恕利用这位不速之“客”做的是有关肺源性心脏病的发病病因及如何防治的试验。肺源性心脏病（简称肺心病）主要是由于支气管–肺组织或肺动脉及其分支的原发病变引起的肺动脉高压所导致的心脏病。这种病在我国较为多见，根据国内近年的统计，肺心病平均发病率为0.46%。患病年龄多在40岁以上，并随着年龄的增长而发病率增高，急性发作以冬、春季多见。急性呼吸道感染常诱发肺、心功能衰竭，死亡率较高。

呼吸衰竭是由于各种原因引起的肺通气或换气功能严重障碍，以致不能进行有效的气体交换，引起一系列生理功能和代谢紊乱的临床综合征。肺心病患者急性加重期的临床表现，有的以呼吸衰竭为主，有的以心力衰竭为主，或两者并重。由于肺心病的发病年龄多出现在中年人身上，所以急性呼吸窘迫和低氧血症为主要表现的成人型呼吸窘迫综合征是急性呼吸衰竭的一种类型，而且是成人病中较为普遍的病型。

但在钟南山、侯恕他们准备从解剖猪入手寻找肺心病及急性呼吸衰竭发病原因以及如何防治的方法前，医学界还没有很好地弄清和掌握它们的发病机制和病理原因。为了找出病因，摸索出医治的方法、途径，钟南山和侯恕两人一起商讨实验对象、实验方案与程序，确定将猪作为实验的对象，反复解剖活猪，弄清肺源性心脏病的发病机制和原理，并摸索治疗的办法。经过近两年的努力，他们终于找出了缺氧和肺动脉之间的关系，找出了造成肺高压的原因，为治疗肺心病提供了新的依据。到21世纪初，钟南山所在的广州呼吸疾病研究所经过十余年的深入研究，肺心病及急性呼吸衰竭的治疗、防治率大为提高，肺心病住院病死率有了明显下降，同时对急性呼吸衰竭抢救成功率已由20世纪50年代的50%提高到85%，肺部X光异常的病因确诊率达到90%，处于国内先进水平。

到了20世纪90年代，钟南山考虑的不再仅仅是如何关注呼吸衰竭的发病机制之类的问题了。他在实际研究与治疗中发现，弄清了这些原因后的首要问题，是如何在治疗中减轻患者的痛苦与迅速恢复患者的健康。于是他转而研究如何用营养疗法治疗肺心病患者和急性呼吸衰竭患者。

在治疗与研究中，钟南山发现，肺心病呼吸衰竭病人由于缺氧，胃肠道淤血，进食明显减少；当进行人工通气时，更因为无法进食需作鼻饲，能量摄入减少；由于此类病人处于一种高分解代谢状态，其基础耗能增高，可较正常人高50%以上，因而极易出现能量及蛋白质代谢的负平衡，从而导致病人脱机困难及病死率增高。所以，对此类病人进行及时的营养支持疗法十分必要。

1989 年，钟南山首次在国内报道慢阻肺和肺心病病人患有 60% 以上合并蛋白 – 能量型营养不良症，这些患者血中的支链氨基酸明显降低。而人工通气的慢阻肺病人大多发展为更严重的混合型营养不良。他与荷兰林堡大学司库尔博士同时提出（1989 年）：慢阻肺病人基础能量代谢明显高于正常人。钟南山在他的研究基础上，进一步制定了中国人的基础耗能校正公式。此项研究后来获得了 1992 年国家教委科技进步三等奖。

经过成百上千次试验，钟南山带领呼研所的科研人员终于研制出一种高营养素——优特力生。在进行临床试验时，钟南山特地做了一个为期四周的“慢性肺心病人工通气患者的总能量及蛋白营养支持”的试验。他采用优特力生对 21 例肺心病呼吸衰竭人工通气患者进行了四周管饲养支持，测定人体测量值及血清白蛋白、前白蛋白，并与 15 例普通管饲的通气患者作对比。通气第一周末，两组病人均发生混合性营养不良；第二周末，实验组血清前白蛋白已接近正常，并显著高于对照组；第四周末，实验组血清白蛋白、前白蛋白均恢复正常，而对照组仍低于正常，人体测量值两组无差异。这一实验充分说明管饲优特力生能早日消除此类病人混合性营养不良状态，并达到正氮平衡。这一实验的详细程序与操作及最后的结论，在钟南山与谭亚夏的论文《慢性肺心病人工通气患者的总能量及蛋白营养支持》中有详细记载。

经过 7 年的临床观察和实践，全营养素“优特力生”可以显著提高病人能量及代谢水平，对慢阻肺及肺心病病人的营养治疗取得了明显的效果。钟南山没有忘记将这一实验室的研究成果转化为产品，使更多的人受益。全营养素“优特力生”通过卫生部委托广东省卫生厅及轻工厅鉴定后，大批量地投入生产，并在广东省内及国内部分地区使用。这项成果在国内其他有关单位的推广应用下，获得了卫生部科技成果推广二等奖。

全营养素“优特力生”的研制成功，对国内慢阻肺及肺心病病人的营养治疗有着深远影响。一方面，它改进了对此类病人的面罩鼻吸营养疗法；另一方面，减轻了病人进行鼻饲时的痛苦，还提高了病人对营养的吸收，使病人身体状况能够很快恢复过来。

把科研成果大众化

20 世纪 80 年代初，广州医疗条件仍然很有限，特别是设备非常陈旧，已适应不了日新月异的医学研究和医疗方面的需要，急需更新医疗、科研设备。

但设备的更新，不是一朝一夕就能解决的事。

钟南山决心改变这种伸手等上级拨款的状况，他不想仅靠那杯水车薪的设备费，决定用自己的所学，研究出最需要的设备、仪器。内行人知道，支气管哮喘的基本特征是气道高反应性。当时国外气道反应测定法至少需要一个电动射流雾化器、一个肺功能计，耗资在 4000 美元以上，国内仅几家医院拥有，基层医院和广大患者几乎无缘使用。

钟南山认为，搞科研不仅为了出成果，更重要的是把成果大众化，使国内广大患者用得上，用得起。他热心于将高、精、尖的科研成果服务于普通大众。为了攻下这道难题，他参考了大量的资料，在实验室中埋头苦干了 3 个多月。

古人云："志不立，天下无可成之事。"钟南山向来有拼搏精神和下苦功干出实事的劲头。如今他有了这个志向，于是又拿出当年当运动员和留学外国时的拼劲，发誓要将自己所需要的仪器设计出来。

能不能利用国外的微型峰速仪来测定气道反应性呢？钟南山决定朝这方面努力。于是他一次又一次去资料室翻阅资料，找寻设计这一相关设备的最新成果和动向，并与同事们相互讨论、论证，意见渐趋统一。在附属医院，人们看到呼吸疾病研究所的灯经常久久不熄。钟南山的家人看到的是比昔日更为忙碌的他……

功夫不负有心人，经过反复试验，钟南山终于创制出了简易的组织胺气道反应性测定法程简易支气管激发试验仪。这个简易的支气管激发测试仪，与进口设备功效相当，只要 20 分钟就可以获得可靠结果，且无须电源。在临床医疗、科学研究中试用，普遍反映不错，比起外国进口的同类设备，更适合中国的医疗、科学研究实际情况。更让医务工作者们欢喜的是，这一款仪器，售价仅为 198 元人民币。

这项成果的发表，不仅向世界证明了我国的医学科研工作者有能力创造出自己的设备、仪器，也说明了我国的医学科研工作，不再需要过多地依靠国外的技术与设备。现在，在国内许多基层医院以及香港等地都在使用这种仪器。此后，电脑化膈肌功能测定仪问世了，峰速仪问世了……钟南山主持下取得的这些成果，不仅大大改善了他们自身的医疗条件，提高了医疗效果，而且，因其功能先进、物美价廉、适合我国特点而深受基层医院的欢迎。

隐匿型哮喘

春天，万物竞生，团花似锦，但春雨连绵，低湿的空气严重影响着人们的正常生理活动，对呼吸系统的影响更是特别明显。本来无病的人在此时也免不了有些伤风感冒，咳嗽几天。原本有呼吸系统疾病的人更是感到春天难熬，哮喘、咳嗽不停。特别是在南方，春天空气湿度很高，且乍暖还寒，给呼吸系统的生理调整带来很大的波动，因而特别容易引发呼吸疾病。

有一种情况比较特殊，就是外表、症状上都看不出得了呼吸系统疾病，却持续不断地咳个不停；或是隐隐地轻声咳嗽，持续时间却比较长，而且用大剂量的抗生素也不起作用。患者本人也没把这反复、轻微、持续不断的咳嗽当一回事。在医学上，一般是不将这种情况归于呼吸系统疾病的。走在大街上，耳边总是环绕着这种轻微、反复的咳嗽声，可能是习以为常的缘故吧，人们不以此为奇。而这个问题却困扰着身为呼吸病专家的钟南山。钟南山有着科学家特有的敏感和捕捉能力。他在街头巷尾、市井茶楼，更主要的是在临床治病工作中，发现南方不少病人患有这种原因不明的反复咳嗽，用各种抗菌类的药物根本不起什么作用。

这是什么原因呢？又是什么病因使得这种看似简单、轻微的咳嗽，让这么广大的人群受此影响呢？钟南山没有停留在简单的表象上，而是要揭开这轻微、反复、持续的咳嗽病的真面目，这是他作为医学专家的责任。

钟南山这时已是广州市呼吸疾病研究所的所长，同时还担负着大量的科研任务和繁重的教学任务，工作时间很紧张，根本不允许他再拿出专门时间来研究这类不在科研计划范围中的“病因不明的顽固性咳嗽”。但科学的重大发现似乎总与科学家业余时间的努力、琢磨、研究分不开。钟南山没有因为工作时间不够，而放弃这块“新大陆”——凭他的职业敏感和作为专家的积累，钟南山肯定这“病因不明的顽固性咳嗽”只是冰山的一角，如果深入研究下去，将是一大片尚未被人发觉的处女地。钟南山决定利用晚上和节假日时间来进行这方面的研究。

由于这种“病因不明的顽固性咳嗽”太普通，患者和医务工作者都未太过注意和重视这类咳嗽，即使稍有提及，也只是只语片言，只有现象的存在表述，没有问题的分析论述。国外论及这类咳嗽的资料相对多一些，但限于国内刚刚改革开放，对国外资料的收集才刚刚起步。钟南山清楚地记得，在英国留学时，对这方面的资料有过一次接触。他一方面写信给自己留学时的导师，请他帮忙搜集这方面的资料；另一方面，翻出自己留学时的读书笔记，寻找自己记忆中有关这类病因不明的顽固性咳嗽的资料。

机遇总是垂青那些有准备的人。记忆中的资料终于被他翻出来了，而且比记忆中的多得多。他的读书笔记中有这样一段内容：“1977 年，美国科罗拉多州立大学医学院教授杜马斯·佩蒂提出‘隐匿型哮喘’的概念，但由于没有具体数据，因而没被医学界承认。”

“隐匿型哮喘”？这可是一个新概念。在医学中，我们经常碰到的是“隐匿型冠心病”“隐匿性肾炎”，等等，却从未见过这一概念。但没有见过不等于不存在，既然有这些“隐匿型”的疾病，为何就没有“隐匿型哮喘”的存在呢？钟南山决定弄清楚这十多年来无人问津的命题。

科学是建立在事实之上的，是要经得起实践的考验的。钟南山花了大量的时间、精力，只要一有与病因不明的顽固性咳嗽有关的消息，他便迫不及待地沉浸其中。

现在，钟南山最需要的就是医学病历上的事实。常人也许会问，为什么要花那么多的时间、精力去自己接触患者，搜集资料，而不近水楼台先得月，拿医院和呼研所的病历直接搜集资料呢？这是一个最基本的职业道德问题。由于职业原因，一个医生是不允许泄露、私自查看病人的病历的，钟南山也不例外。虽然他身上已经有了好几个有分量的头衔，但他从未想过利用这些权利和优势去干有违职业道德的事。这是他一贯的处事态度，时至今日仍受到大家的尊敬。

机会终于来了。气道高反应性常被视为支气管炎哮喘的基本特征，有人用它作为人群中哮喘流行病调查的一个客观指标。但是哮喘与气道高反应性并非完全一致，有气道高反应性者未必有哮喘，反之亦然。在支气管哮喘的自然发展病史中，气道高反应性在其中起了什么作用？而控制了气道高反应性会否影响哮喘的转归？对此均无定论。在这种情况下，广州呼研所开展了历时两年的普查。

1988 年 1 月，广州呼吸疾病研究所对广州市华侨中学及广州郊区从化中学共 3067 名 11—17 岁的学生进行了气道反应性普查，共发现 125 例气道高反应者，其中有 56 人诊断为哮喘。钟南山他们对此 125 例进行了两年的随访（1988 年 3 月—1990 年 3 月），并在这两所学校随机选取了 126 名年龄匹配但无气道高反应性的学生作为对照组。

由于各种原因（学生初、高中毕业，转学退出观察等），在两年的随访终止时，气道高反应组仅有 81 例完成了观察（其中有哮喘者 31 例），而对照组为 88 例。对比研究发现，81 例观察组中有 58 例仍保持气道高反应性，其中有 10 例新发生哮喘，原有哮喘患者 31 例，其中 9 例症状消失，观察组新哮喘发生率及哮喘总例数均显著高于对照组，但两组肺通气功能无显著差异。同时，钟南山还发现，气道高反应性越重，新发哮喘的可能性越大。凡无症状但 PD20FEV1<3.2 μ mol 的学生，有 45% 在两年内发生哮喘。

到底气道高反应性与哮喘有无密切关系、关系如何，一直以来众说纷纭。有报道曾说，16 名有气道高反应性的过敏性鼻炎患者，在随访 1—5 年内，其中有 2 例发展为支气管哮喘。

还有报道说，气道高反应性常先于支气管哮喘而存在，还有的在儿童人群中亦获得类似结果。但亦有人持不同看法，认为气道高反应性不能作为预示症状性支气管哮喘或药物疗效的指标。钟南山在大数量青少年流行病学调查及随访（6 年）基础上，经过细致而周密的探讨，提出了不同于别家的观点，即气道高反应性与哮喘有密切关系，哮喘患者气道反应性较重，而症状消失时气道高反性减轻。凡无症状但 PD20FEV1<3.2 μ mol 的学生，有 45% 在两年内发生哮喘，此中幼儿时呼吸道感染病史起一定的作用。至于这个新发哮喘是否在两年内发展而来，尚不能定论。也可能是由无症状型哮喘转化为症状型哮喘，换句话说，此部分人群属于“亚临床”型（或隐匿型）哮喘，若在这个阶段积极防治，可明显提高哮喘的治愈率。钟南山及他的学生、同事们在《无症状的气道高反应性提示有隐匿型哮喘吗？》一文中，首次证实并完善了佩蒂（1977 年）提出的“隐匿型哮喘”概念。随后，他们采用免疫组织化学、ELISA，放射免疫及分子杂交技术，研究了细胞因子特别是肿瘤坏死因子 α(TNF － α) 及内皮素在哮喘和气道高反应性形成中的作用。他发现，哮喘动物肺泡灌洗液及支气管上皮细胞中 ET －1 分泌增多；巨噬细胞可分泌多量 TNF － α，后者可刺激气道平滑肌中 ET －1 分泌；ET －1 可刺激气道平滑肌增殖及细胞分裂；ET －1 可增加纤维母细胞中 GM － CSFmRNA 过度表达。在这些发现的基础上，他提出在气道高反应性发病中，除传统的 TH2 通过 IL3、4、5、6、9、13 等激活肥大细胞、B 细胞、嗜酸性粒细胞外，还有 ET －1 参与炎症发展的恶性循环，为从分子水平防治哮喘提出了一些依据。

钟南山提出的“隐匿型哮喘”的新观点，分别在 1988 年、1989 年、1990 年及 1992 年亚太胸肺会议、亚太呼吸病会议、欧洲呼吸病会议、香港国际儿科疾病会议上宣读。其中青少年气道反应性资料被第 11

届亚洲太平洋胸肺会议（ACCP）选为最佳展出文章，分别在英国胸腔《Thorax》及美国胸腔杂志《Chest》上发表。隐匿型哮喘观点已为 WHO 及 NIH 联合撰写的《哮喘全球防治战略》引用。这项成果 1994 年同时荣获广东省科技进步三等奖和卫生部科技进步三等奖，得到国际同行的认可。美国著名胸腔杂志《Chest》全文发表了《无症状的气道高反应性提示有隐匿型哮喘吗？》这一论文，同时，美国胸科协会还授予他“特别委员”称号。

“隐匿型哮喘”，将多年困扰着广大医务人员的这类不被注意但具有极大潜在危险的疾病明确地概括出来，指导医务人员及患者本人密切注意，并由此研究出治疗的方法。病因找出来后，医生对症下药，疗效将大为提高。

在研究的过程中，钟南山也不是纯理论的研究着哮喘的防治与治疗，他研制出中药降气定喘散、GD 型峰速仪，并阐述在使用雾化皮质激素、茶碱蕴含物上的种族差别，对我国的哮喘防治起了一定的推动作用。

巍巍树长成

1984 年，钟南山开始担任广州呼吸疾病研究所所长。应该说，钟南山与广州呼吸疾病研究所是一起成长起来的。从当初只有三个人的小组到现在下设呼吸内科、胸外科、广州呼吸监护中心（呼吸监护科）、实验部等多个临床科室的研究所，倾注了钟南山和他的同事们的无数心血。他们付出的辛勤汗水，最终变成了一份份的成果和荣耀。

广州市呼吸疾病研究所在临床诊断及治疗方面走在了国内各类学科的先进行列。其中呼吸危重病的监护与抢救独具特色，是国内建科最早，水平高、影响大的几个高水平监护病房之一，其监护条件与设备、管理水平和抢救成功率均接近国际先进水平，为病人的治疗、抢救工作提供了最安全、科学的保证，还被中华医学会呼吸学会作为培训基地。在哮喘病的临床诊断与治疗、慢性阻塞性肺病膈肌功能疲劳的康复治疗及肺癌的诊疗方面，呼吸疾病研究所也具有较高的水平，不仅是华南地区呼吸疾病诊治中心，在全国也具有一定的影响，已成为全国专科医师进修的一个基地。

1993年，广州市呼吸疾病研究所被广东省高教厅正式批准建立省重点学科，1994年，广东省呼吸疾病研究重点实验室成立。

1994年12月24日，广州医学院第一附属医院内洋溢着一派节日的气氛，“广东省呼吸疾病研究重点实验室”和“广州市呼吸疾病研究中心”的剪彩揭幕仪式在这里隆重举行。时任广东副省长卢钟鹤、时任广州市副市长姚蓉宾亲自剪彩揭幕。姚副市长高度评价道：“在国家投入不多的情况下，广州呼吸疾病研究所能取得这样好的成绩实在不容易。对此，我代表市政府向你们表示衷心的感谢与祝贺。”

望着这心血塑成的两块金光闪闪的牌子，钟南山激动地说：“我的下一个目标，是将呼研所建成国家重点实验室。”

“珠水深深意，巍巍树长成，攀登正无垠，锦绣展前程。”老领导张汉青的这首诗，形象地展示了钟南山在呼研所的科学研究历程。1999年，北京医科大学（原北京医学院）评选钟南山为六位杰出校友，在“钟南山事迹介绍”中这样概括1982年回国后的学术成就：1982年，钟南山回国之后全身心投入医疗、科研和教学工作，并取得突出的成绩。

在医学科研中，他重点研究支气管哮喘和气道高反应性的关系（证实并发展了“隐匿型哮喘”的概念，并在联合国世界卫生组织撰写的《哮喘全球防治战略》一书中多次被引用）、呼吸衰竭与呼吸肌疲劳（创建了运动膈肌功能测定法，研制了电脑化膈肌功能测定仪，探讨了无创通气恢复膈肌张力的途径）和慢阻肺及肺心病人营养状态及营养疗法（制定了中国人的基础耗能校正公式，研制出符合中国慢阻肺病人营养需求的全营养素“优特力生”）。

他所领导的实验室发现了粒细胞－巨噬细胞集落刺激因子和肿瘤坏死因子－α 可诱导气道平滑肌分泌内皮素，后者又可增强纤维母细胞PDGF－β 及 CM－CSFmRNA 的表达，形成恶性循环，在气道高反应性发展中起重要作用，并阐明了皮质类固醇对该恶性循环遏制作用，发现了茶碱对内皮素生成的抑制作用。并首次证明低剂量茶碱联合皮质类固醇吸入在哮喘治疗上的优越性，阐明了肺血管中一氧化氮和内皮素失衡以及多种原癌基因表达异常在缺氧性肺动脉高压形成中起重要作用，首次证实了慢性阻塞性肺病在早、中期就存在膈肌耐力减低、采用呼吸休息（非创伤性通气）疗法可使60%病人气促及跨膈压改善。他主持和参与国家攻关课题、国家自然基金课题、卫生部和省自然基金课题10余项。主持国家“九五”攻关课题一项、国家自然基金课题一项、卫生部课题一项、世界卫生组织协作课题一项。先后有12项科研成果获得国家科技进步奖、卫生部、国家教委、广东省科委等各级别的奖别。在中华医学会主办的国家级杂志上发表论文50余篇，在国际权威杂志发表论文20余篇，出版专著两部。他是近十几年来推动我国呼吸疾病科研和临床事业走向世界的杰出领头人之一。他和他的同行们在这个专业的突出贡献，奠定了我国呼吸疾病，特别是哮喘及呼吸肌的医研水平在亚太地区的领先地位。

他的科研成果的应用推广，将呼吸衰竭的各类抢救成功率提高到85%，达到国内先进水平。他在国际医学界享有较高声誉，被聘撰写联合国世界卫生组织《哮喘防治全球战略》文献的中国代表。他不仅自己潜心科研，更重视培养青年人才，常常为青年医师选定科研课题、设计方案、指导实验，而出成果时他却退到后面。他所培养的学生，有的已成为广州市优秀专家。在他的带领下，广州呼吸疾病研究所科研成果累累，成为“国家投入不多”“取得好的成绩”的单位，被列为广东省重点实验室。

这些文字也许略显平淡，但在高度浓缩的概括里，却让人深深感受到钟南山只争朝夕、忘我拼搏、不断攀登高峰的精神。

第八章　南山风格

“对于一个医生来说，鲜花代表我们医生对病人的愿望和祝福，希望他早日康复。但是，作为一个医生光给鲜花是不够的，他还要给稻穗。稻穗是什么呢？就是实在的东西，是他肚子里的东西，也就是实实在在地给病人正确地诊断治疗，让他恢复健康。对于一个教师，稻穗、鲜花献学生也是真实的。鲜花代表老师对学生的美好愿望和期待，稻穗是老师要交给学生的真实的东西，也就是科学知识。”

——钟南山

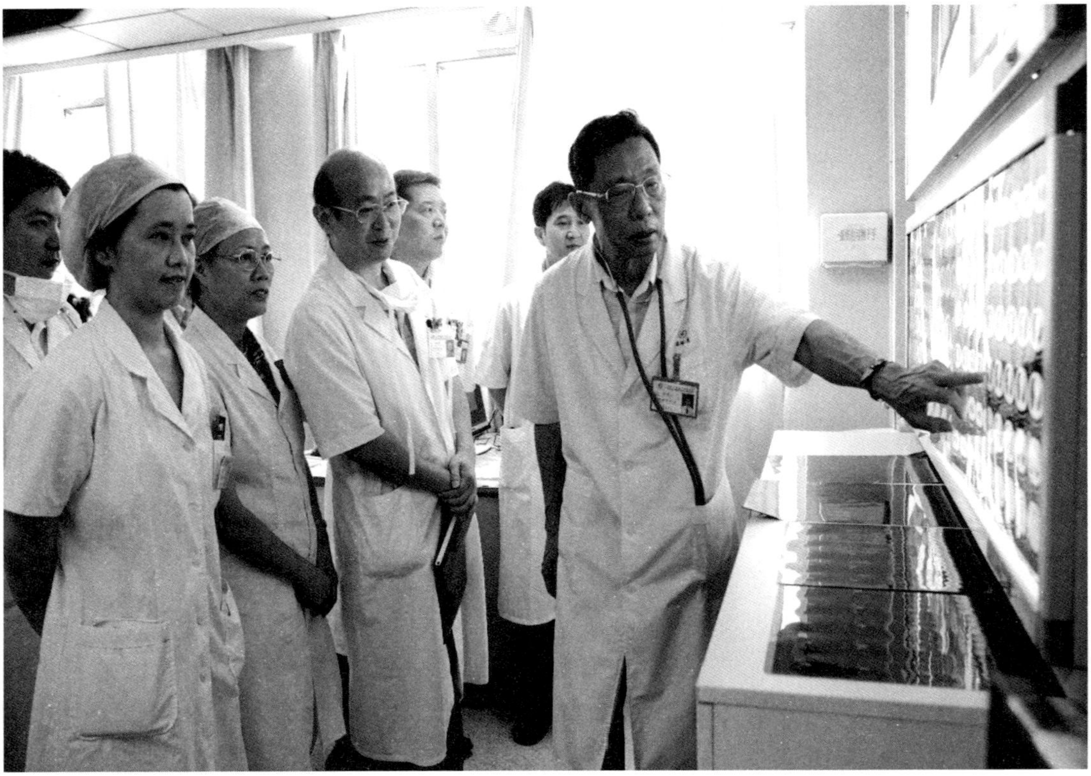

钟南山（右一）院士与学科团队进行病例讨论。

行医几十年，钟南山的名气越来越大，特别是在呼吸系统疾病的研究与治疗方面，已成为国内有名的专家。但在病人面前，他却没有一点架子。他有一句名言：看病只看病情，不看背景。他有一个坚持至今的“三个一样”：干部群众，有钱无钱，城市农村，一样的热情耐心，一样的无微不至，一样的负责到底。他曾说过：“我推崇的医德是‘不论贵贱，病人一律对待’，我遵循的行医原则是‘一接触病人，其他一切置于脑后’。”

钟南山身兼多种职务，科研和社会活动十分繁忙，但他永远都记得自己是一个医生。在诊室里，他心里只有病人，多少次下班时间早已过去，他仍然不厌其烦地听病人一字一句陈述，认真地做检查、开处方，给病人解释疑难。他和颜悦色，亲切的话语温暖着病人的心。

他经常语重心长地教导年轻医生：“我们要时刻想到，救人于痛苦危难之中是医生的天职。我们的职业决定了我们不可能是 8 小时工作制。如果硬要在 8 小时内外之间划上一条不可逾越的线，那就不是一个合格的医生，更不是一个好医生……”

病人就是亲人

一位钟南山的学生讲述的故事：一个星期三，有两个人专程从湛江开车来到广州医学院，说是想找钟院长看病。这位学生告诉他们，钟院长可能在广州医学院第一附属医院。他们找到钟院长后，又要送红包，又要请吃饭。钟院长都婉言谢绝了。这天本来不是钟院长看门诊，但他理解病人的心情，满足了这两位陌生的求医者的要求，给他们看了病，并且约好第二天再给他们看一次。

一位干部讲述的故事：华南理工大学有位学生要出国留学。临行前他感到身体不适，到其他医院检查结果都是不排除肿瘤的可能，并且建议他找钟南山诊断。钟南山得知情况后，急人之所急，在繁忙的工作中抽出时间仔细分析了这位学生的片子，明确告诉他不是肿瘤，同学后来放心地出国了。

一位研究生讲述的故事：1997 年 3 月 30 日，一位广东台山的小孩前来就诊。这个孩子 1992 年曾做过胸腺瘤手术，近日又发现有阴影。钟南山考虑到病人家庭的实际情况，特意在病历上写下这么一句话："病人经济有困难，请尽量只做必要的检查。"他想人之所想，不愿意给病人的家庭增加负担。

一位教授讲述的故事：某市的一位市委书记来看病，初步诊断是肿瘤，需要做手术。有些医生想到他的地位，怕担风险，决定不了做还是不做。钟南山说，从医学需要的角度出发，该怎么做就怎么做。他亲自为这位书记做了手术，并做得很成功。

病人的利益高于一切，病人就是亲人，这是钟南山遵循的原则。"尽我力所能与判断力所及，无论何处，遇男遇女，贵人或奴婢，我之唯一目的，为病人谋幸福。"世界著名医学家、希腊人希波克拉底的誓言就是钟南山的座右铭。

作为中国工程院院士、世界卫生组织医学顾问，钟南山的医术高超自不待言。很多人就是冲着他的医术和名气来找他看病的，有的甚至还冒称他的亲戚希望能得到优先治疗。然而，无论什么人，只要是找到钟南山看病，他们得到的都是全心全意的对待。而钟南山只要接诊了病人，就会负责到底。

有位叫屈洁琼的病人，是广州市一间小煤店的职工，患的是罕见的重症肌无力症，全身瘫痪，呼吸衰竭，要靠人工呼吸机维持生命。一些医院不敢收治这样的病人，因为这种病当时尚无有效的治疗办法。对于收入一般的家庭来说，这是一笔巨额的医疗费用。

面对这样一个重症，钟南山没有犹豫，他不仅收下了屈洁琼，还与院内外专家一起亲自为病人研究制定了一个个的治疗方案，给她配备了特护小组。屈洁琼病了五年，在广州医学院第一附属医院住了三年半。她的病情反反复复，经过数不清的抢救和会诊，在病人、家属、病人所在的单位都已经失去信心的时候，钟南山却依然没有放弃努力。他甚至以个人的名义去争取外国专家的支持，为屈洁琼筹到了 4 万多港币的药品。在钟南山及呼研所医护人员的精心救治下，屈洁琼从入院时的软弱无力，终于恢复到了正常人的水平，肌肉张力增强，呼吸肌肉有了明显改善。入院时屈洁琼离开呼吸机半分钟就全身发紫，到后来，她每天能够自主地享受呼吸长达 6 小时以上。尽管屈洁琼最终还是没能摆脱死神的纠缠，但是，钟南山和医护人员那温暖的爱心使她的生命足足延长了 6 年！冒着风险收诊这样的病人究竟是为了什么？钟南山的回答很简单：“我是医生，治病救人是我最大的追求。只要病人还有一线希望，我们就应该尽力救治。如果因为难治的病就不去治，那不是一个真正的医生。”

在一次春季广交会上，一位日本东京某钢铁公司的总裁得了坏死性肠炎，已出现休克的紧急状况，如不及时抢救，将会有生命危险。病人的家属及其公司得知病情后，坚决要求医院联系直升机将他送到香港，再由日本派人赴港抢救，并声言只要送到香港，一切后果由他们负责。身为医院院长的钟南山深知病情的危重，联系飞机再将病人转送到香港，至少需要六七个小时。病人已经休克，到了香港肯定就没命了。若将病人留下来做手术，还可能有些希望。钟南山立即与病人的公司总部和病人的妻子联系，说明利害，终于说服将病人留在广州做手术。经过 4 个小时的努力，专家们从病人的腹中切除掉 70 多厘米的坏死肠子，使病人转危为安。40 多天后，病人康复出院了。冒着风险收诊这样的病人为了什么？钟南山曾这样回答：“医学的极限也要突破，难治的病不去治，那就永远不会有医学的突破。”

广州市邮局女工阿琼一年多前反复咳嗽，气喘了好长时间，吃了很长时间的药也没有用，病情越来越严重，后来慕名找到钟南山。根据阿琼的病史和症状，钟南山给她做了哮喘检查，结果呈阳性，一般而言，诊断应该已经明确，接下来的就是对症下药了。而钟南山却不放心，因为凭他的经验，阿琼表现出来的症状不完全与哮喘的症状一样，而是隐藏着另外一些别的症状。但究竟隐藏的是何种病症呢？钟南山自己都有些把握不了。于是钟南山建议阿琼留院观察一段时间。经过钟南山继续仔细地观察，他终于从一个细微的症状里发现了新问题，初诊为气管肿瘤。这一发现非同小可。为了确诊，钟南山亲自为她做了支气管纤维镜检查，得到了证实后，他又亲自安排了医生手术。与钟教授一起做手术的医务人员都被阿琼那隐蔽得很好的肿瘤惊呆了，那可怕的肿瘤竟已堵住了气管的五分之四，实在太危险了。什么时候填满了，阿琼的命也就没了。事后，阿琼深有感触地说："钟教授的过人之处，岂只在于他的医术，他对病人的高度责任心和对病人的爱心，同样常人难及。"

一位来自于潮州农村的病人住进了呼研所的病房，他反复咳血，心理负担很重，非要见一见钟南山不可。但他入住病房之时，钟院长正好在外面出差未归，病人于是非常失望，更加以为自己已没得治了。这样的心境对病人病情的好转和医生的治疗都是很不利的。于是医护人员一方面安慰病人；另一方面，与出差在外的钟院长取得联系，防止病人病情进一步恶化。钟南山一听到这一消息，马上提前回广州，对病人进行会诊。由于病人在家拖得太久，心理负担又重，因而诊断起来颇费精力。为了确切查出病因，钟南山一连亲自主持了 7 次会诊，终于确诊了病人的病因，同时打消了病人沉重的心理负担。这时，钟南山要上北京开会，临走前，他不放心潮州病人，又去看望这位"老朋友"。钟南山看到病人脸色红润了许多，心里也稍稍宽慰了一些。他拉住病人的手，询问了一些治疗上的事后，略带歉意地说："我已为你制定好了手术方案，但北京有个会催我去开……""那你就去开嘛！"潮州人很直率，手一挥，打断了钟院长的话，"你放心好了，我很好，不用你亲自'动刀'了，我相信你的学生能够做好这个手术。"四只手紧紧地握在了一起，就像多年的老朋友。确实，钟南山对病人，简直把他们看作是自己的亲人、老朋友。钟南山在北京开会期间，几乎是每隔一天就打一个电话回呼研所，询问病人的治疗和进展情况。当他听说手术非常成功的时候，一颗悬着的心终于落地了，心情一下爽朗了很多。开完会，钟南山一赶回广州就直奔病房。一对老朋友又见面了，没有其他的言语，两双手紧紧握在一起，潮州老汉一时老泪纵横。

钟南山印象最深的，是一位姓廖的病人。钟南山是在广东省科研所遇上这位病人的。当时，那位病人反反复复地去找钟南山看病，但每次去都跟钟南山说一点儿也没好。这样过了好几次后，钟南山有些不耐烦了，对这位病人随口说了句："你来这里看一点效果都没有的话，以后就不要来了。"至今，钟南山依然记得那位病人听到这句话后，那种尴尬、失望的表情。"他当时的表情我记得很清楚。因为医生对病人的讲话很重要，假如一个医生对病人说'我没有办法'，就是对病人最大的打击。后来我反省自己，假如他真的一点儿都没有好，又怎么会三番五次地来？他次次都来，说明他信任我，而我却没有真正地信任他……所以从此以后，我发誓再也不说这样的话了。"

医疗第一线

走到钟南山的病人中去，会听到许多温馨的小故事。每到冬天，钟南山给病人检查前，一定会先搓暖自己的手；为了满足更多病人的愿望，每次专家门诊，钟南山总是提前半个小时开诊，而他的研究生则提前一个小时作事前准备，每次总是等到很晚才能结束；省内外不少医院常请钟南山去会诊、急诊，只要时间允许，无论是领导还是群众，他从不推诿；钟南山去查病房，不管病人病得多重，身上的异味多大，他都会和蔼地拉着病人的手询问病情。

他喜欢坐在病人的身边细心倾听病人的诉说，从来不会有厌烦的表情……

如果不出差，钟南山在周三的上午是一定会去查房的，这是他一直坚持下来的"惯例"。他说过，"只有到医疗第一线，我才能体会医生的喜怒哀乐，才能知道群众在想什么，有什么问题要解决，以便做出符合实际的决策。同时，也只有到了第一线才能找到临床上最需要解决的问题，也就是科研的灵感要从实践中来。”

每周四的下午，是钟南山开专家门诊的日子，这也是钟南山雷打不动的规矩。每到这一天，呼研所一楼的门诊室就人头拥挤，候诊区排满了，走廊也排满了，一直到外面的过道都站着等候专家门诊的病人。人们都是冲着钟南山教授来的。问起钟南山教授在百忙中为什么还坚持开专家门诊，他平静地说：“不管是院士还是院长，我首先是个医生。”

每次专家门诊开诊时间是下午 2:30，钟南山的研究生们在 1:30 就已经到门诊室，着手为专家门诊做准备。钟南山也提前半个小时到诊室，作门诊前的最后准备。一切就绪后，钟南山和他的研究生长达 7 个多小时的专家门诊就开始了。从下午 2:00 一直到晚上 10:00，中间一直是川流不息的病人，根本不允许钟南山休息一阵。有位领导看到这样的情况，拉住钟南山的手，感慨地说：“你这半天，抵得上别人一天半呀！”

钟南山看病的习惯，让他的研究生们和他的妻子也形成了另一个习惯每次要出门诊的那天下午，他的研究生和助手护士们都要饿着肚子干上七八个小时，相当于一天的工作量。

等到这一天的晚上 9 点，钟南山的妻子李少芬总会提着保温瓶，亲自来到呼研所给钟南山送饭。每次当钟南山送走最后一位病人的时候，李少芬总是赶紧抓紧时间将晚饭送到钟南山面前，她担心钟南山一会儿又因为忙起别的事情来忘记吃晚饭。

钟情教育运动之家

对于做医生，钟南山有自己的独特看法：以治病救人为天职的医生，首先要有过硬的医术，然后才谈得上讲医德。他常常对自己的学生们说起一个故事：在那个特殊的年代，某天晚上，有个小孩发高烧，接诊的医生服务态度好得无可挑剔。那位医生在诊室里抱着发烧的孩子哄啊、走啊，整整一个晚上没停，然而，第二天早上那孩子还是死了。像这样的医生，服务态度再好又有什么用呢？

也是基于这种认识，对于医学人才的培养，钟南山提出了一个与众不同的“丁字型”模式。与通行的“金字塔”形人才培养模式（即要求学生层层打基础，并不希望他们一下子就扎进某个专门的领域）不同，钟南山认为，当代科学飞速发展，学科分类越来越细，而我们国家在很多方面又落后于人家太远，这些都容不得我们花太多的时间和精力去打基础，人才培养到了研究生阶段就应该集中力量在某个哪怕很细的领域，让研究生拥有拔尖的专长。就一个人的力量来看，这样做也许过专，但是许多人合起来，作为一个团体的实力就大大增强了。

钟南山的研究生就是顺着这一“丁字型”思路培养起来的。陈荣昌专攻呼吸肌肉，徐军擅长分子生物……钟南山领导的呼吸疾病研究所，每个人都各有专长，因此整个所的水平也大为提高，在国际上颇具名气。1996 年 8 月，世界卫生组织的专家来我国考察，走进广州呼吸疾病研究所，为他们介绍情况的正是钟南山的五位研究生。这些研究生以流利的英语、扎实的专业知识以及研究课题的难度和取得的成果，让来访的专家们赞叹不已。专家们给予的评价是：你们的研究所是一流的，研究生也是一流的。

提出“丁字型”模式并不意味着钟南山培养人才只看重专业，他更看重的是人才的综合素质。他也有一个观点：培养一个专门人才并不是很难，而培养一个综合素质高的人才就要难得多。对自己的研究生，钟南山院士总是寻求多种方法和途径，采用不同方式提高他们的综合素质。

钟南山带研究生有一个不成文的规矩，就是每个星期他都要和研究生们打一场篮球赛。

每个星期五的下午，钟南山只要不出差，都要赶回呼研所，与等候在球场边的研究生们打场篮球赛。

别小看这一场篮球赛，它是钟南山的研究生的一门“必修课”。钟南山认为，一个人不能四肢发达，头脑简单，但也不能满腹经纶，身体弱不禁风。一个全面、健全的人，应该是身体健康、知识丰富的结合体，只有这样才能对社会做出一个人的最大贡献。他觉得在球场上既可锻炼学生的体魄，又能够培养学生顽强拼搏的精神和反应灵敏的思维。他总是感叹像陈景润、蒋筑英一样的科学家，到了对人类、对社会做最大贡献的时候，却因身体原因英年早逝。研究生的数目在中国还不多，是属于高知识层次的群体，应该是“社会的栋梁”，不应该只抓专业知识的研究，还应该大力提倡进行身体锻炼。他常常说：“国家花了那么多钱才辛辛苦苦培养出一名研究生，却因为身体原因，不能发挥出应有的贡献，是很可惜的事。就如一部机器，只因为一个螺丝的缘故，影响了整部机器的效能发挥，甚至导致机器的损坏或报废，实在太遗憾了。我培养研究生，要让他们用两条腿走路，既重视专业理论知识的学习，也注意身体锻炼。身体是革命的本钱，没有身体作保证，一切的贡献都谈不上。”

钟南山不仅这样教育研究生，也是这样要求自己的。有位记者曾在一篇《名人家中的名人》中写道：“他（指钟南山）身上没有官气、学究气，有的是运动员的朝气。他的妻子李少芬原是中国女篮队长，20 世纪 60 年代的体坛名将。当你下午 5 点去学校找他，会时常看到他在和研究生一起打篮球。他的篮球打得不错，因为家有爱妻指导。”别看钟南山在实验室里、在病人面前一副儒将风范，斯文尤雅。走出实验室，脱下白大褂，他可是个活跃分子。

钟南山的舞蹈跳得特别好，因此呼研所的每次重大节目总少不了他。有一次，呼研所排练一个新疆舞，他头戴小方帽，穿上维吾尔族白袍，蹬着一双长长的靴子，手举响槌，踢踏起舞，加上两撇又黑又粗的胡子贴在鼻子下面，活脱一个“买买提”。即使到了钟南山 67 岁的时候，在呼研所的春节联欢会上，他领衔表演的西班牙热舞，依然得到了全场喝彩。

熟悉钟南山的人都知道，他的家庭堪称“运动之家”。

钟南山的妻子李少芬，昔日的篮球明星，现任广州市篮协顾问。她是新中国成立后第一批被送去苏联学习的运动员，退役后转搞体育科研，主攻运动康复和运动训练，是副研究员。如今的李少芬依然和当运动员时一样开朗直率，天天早晨坚持到广州医学院对面的流花湖公园打太极拳，每周五则到二沙头训练基地打篮球。她说，现在来学拳的人越来越多，广州人越来越注重自身的体质了。全民健身，身体好了，才可以抵抗疫病。

在李少芬看来，知识分子锻炼身体非常必要。她说，钟南山性格活跃，打球、跑步、游泳，什么都玩。“只要有时间，他就活动活动。周五打篮球、周日打羽毛球，在家跑跑步。”

“没事的时候，他会踢踢腿、弯弯腰、举举杠铃。只要有10分钟，他就会抓紧时间锻炼。他现在铅球还能推10米，在广医数第一！他酷爱体育活动，有时一下飞机就去篮球场，打起来就忘了时间。体质好，为他的事业打下了基础。抗非典这么忙，他体重掉了5公斤，还能撑着，就是与他坚持锻炼身体分不开。”

钟南山一家人都与体育有缘。他们的女儿钟帷月，曾是我国优秀的蝶泳运动员，1994年打破过短池游泳的世界纪录；他们的儿子钟帷德是2002年广州市十大杰出青年之一、广州市第一人民医院泌尿科副教授，也是医院篮球队的“中流砥柱”。

钟南山周一到周五每天工作到深夜，双休日则安排工作会议。李少芬说：“我真的好羡慕人家夫妻结伴出外旅游。钟院长每年都有一个半月的休假，可我们从没享受过！”他们一家享受“聚会”的时间往往只有在体育场上。

甘当人梯

为了学生能在医学领域的理论和实践中赶上自己、超过自己，钟南山乐于给他们培土、浇水、施肥，甘当他们的人梯。

有位新入学的研究生提交了一份实验统计报告。那天正好碰上钟南山看专家门诊，他看完门诊后顾不上回家吃饭就回到办公室，为这位研究生审改报告。他发现这份报告有好几处比较马虎。这种情况是钟南山最不能原谅的。因为与人的生命息息相关的医疗科学容不得半点马虎。他把那些马虎的地方一一圈点出来。等这位出去吃饭的研究生回来后，钟南山严肃而耐心地告诫他：“科学是来不得半点马虎的。”然后，钟南山又耐心细致地给他提出了修改意见。听着导师的谆谆教导，看到自己报告中的一处处疏漏，这位研究生既感激又惭愧，表示当晚就做修改。这时候，正巧病房打来电话，说有重病号要抢救，钟南山只好赶了过去。

抢救病人花了两个小时，钟南山已是精疲力竭，回到办公室一看，不由地乐了。原来那位研究生还没有离去，正伏案修改着他的报告。他疲倦的脸上绽出了满意的笑容。钟南山忘记了自己还没有吃饭，继续留下来指导学生修改报告。学生得知钟南山还没有吃晚饭，执意要请他先吃点东西垫垫肚子，钟南山连连挥手说不用，这件事更重要，先把这件事做好、做完再说吧。

对待自己的学生，钟南山总把他们当作自己的亲人看待，爱护他们，也尊重他们。他常常为研究生选定研究课题，设计研究方案，指导他们实验，帮他们修改论文，而且论文最终发表时，他总是把自己的名字排在最后。对学生良好品格的养成，这无疑是一种无言的身教。

在广州医学院读书的本科生谈及钟南山，也都钦佩不已。一位学生说，开始时听人说起钟院长觉得很遥远，入学后听了他的报告和讲座，才知道他是那么的平易近人。他除了教给我们知识，更教育我们怎样做人。钟院长是我们人生道路上的一个榜样。因此，只要是钟南山作报告、办讲座，课室里总是早早挤满了人。

1995 年 12 月 26 日，学生从海报上得知他们敬爱的钟南山院长晚上将给他们开讲座，很多人早早就赶到教室。当晚，那间只有百余个座位的大教室，竟然挤进了 200 多名学生。面对这群生气勃勃、对未来充满憧憬的学生，钟南山向他们坦露出自己的人生体验，循循善诱地给他们以启发。他说："你们都是未来的医生，医生的责任是救死扶伤。你们在学习上要有独立性，工作上要有创造性，对病人要有责任心。我参加工作 34 年，现在回过头去看，我觉得一个医生还应该对环境有适应性，在集体中有合群性。"讲座结束时，他满怀深情地对台下的学生说："我希望以后在报纸上或获奖名单中看到大家的名字！"

讲座后，激动的同学们将一张有他们 200 多人签名的贺卡赠送给他。钟南山接过贺卡时激动万分，他对着学生大声地说："这是我一生中最珍贵的礼物。"

四套马车　建立信心

1992 年，钟南山又挑起了广州医学院党委书记、院长的重担，作为医生、学者、教授的他又驾起了学校党务工作、行政管理这第四套马车。

钟南山就任广州医学院院长时，曾有人对他说，和省部级的大学来比，广州医学院要赶上它们，实在是太难了。但钟南山就是有着一股旁人难有的拼搏劲头，和一种要“在小中做出大”的冲动。自从他被任命为广州医学院党委书记兼院长后，钟南山深感责任重大，自己在这个岗位上干出成绩不难。但是他觉得更重要的是要让整个学院及附属医院的师生员工团结一心，一起前进，要让广医人发自内心地体现出真正的自强和自信。

上任之后，钟南山大力倡导体现广州医学院全体师生面貌的“广医人精神”——艰苦创业，脚踏实地，开拓进取。其实，这也正是钟南山追求的一种精神。因此，钟南山决定以树立师生员工的自信心为切入点，一有机会，他便为周围的人打气，鼓励他们自信地迎接各种困难和挑战。他常说，“少一点自卑感，多一点自信心”“承认落后但不甘于落后”“多看到自己的长处，别老在自己短处上转悠儿，觉得自己一无是处。应该敢于创新、敢于怀疑、敢于突破”“广医确实不大，但我们并不一定要学那些先进医学院校一样急于全面开展，我们可以突破一点，打到全国去，应该有这个信心和志气”。

2001 年，有位朋友从网上得知国家的一项重大科技攻关项目准备招标的消息，马上通知了钟南山。而这个时候，离最后截止时间只有十多天了。而广州医学院既不是重点单位，又不是拟标单位，当时有人觉得想要中标是天方夜谭，不可能的。但作为院长的钟南山经过认真考虑，觉得广州医学院还是有比较独特的看法、做法，而这正是这个项目所需要的，于是提出和拟标单位合作一起干，但遭到拒绝。在这种情况下，钟南山不但没有气馁，反而更加鼓励大家去争取，经过十多天日日夜夜的努力，广州医学院取得全国 8 家医学院的合作机会，最终攻下了这个难关，为广州医学院夺得了第一项国家级的重点项目。

钟南山的医德医风有口皆碑，他担任领导职务后的廉洁自律也让人肃然起敬。节假日外出，无论公私，他都尽量不占用公车，怕占用司机难得的休息时间。因私用车，他一定自觉交上车费。有一回，他去东莞，回来马上向学院交了 400 元。他总是在付出，却最怕“沾光”。

作为管理者，钟南山善于充分调动他人的积极性。他首先是充分放权，让各级领导成员都真正有职有权，各负其责。所以，在广州医学院，基本形成了一种各司其职、人尽其职的良好工作秩序。谈到这一点，钟南山自己都不无得意。他说：“假如在广州医学院事无巨细都来找我钟南山，那我就是失败的。”当然，钟南山也不是当“甩手院长”，把工作交给其他人而自己什么都不管。该管的事情他毫不含糊，布置好的工作他必定会检查落实。在用人方面，钟南山不是讲资历、看学历，也不分门派、重近亲。只要谁有才能就会尽量给他发挥的场所。

呼研所的钟淑卿本来是护士，只有专科学历，但她刻苦钻研，业务水平高，管理上也拿得起来，现在当上了呼吸监护科主任。

钟南山担任广州医学院院长的这 10 年，是广州医学院发展历史上步子迈得最大的 10 年：由 7 个三级学科硕士点增加到 25 个三级学科、11 个二级学科的硕士点；成为广州市属高校的第一个博士点；科学研究也首次获得了国家最高层次的立项和资助……

当选中国工程院院士

1996 年 4 月的一天，钟南山像往常一样，平静地走向他的工作岗位。他双眉微蹙，边走边在认真地思考着什么难题。校园里美丽的风景留不住他稳健而又匆匆的步履，只有当其他老师和同学们跟他打招呼时，他才稍稍放缓步伐，以微笑示意回礼。他没有留意到，这一天整个广州医学院像过节一样沸腾，老师和同学们纷纷兴奋地在校园里奔走相告：基于钟南山在对哮喘疾病的研究，对慢性阻塞性肺疾患（COPD）膈肌功能的研究，以及对慢性阻塞性肺病及肺心病人营养状态及营养疗法的研究中所做出的突出贡献，中国工程院决定授予钟南山教授“中国医药卫生工程学部院士”的称号。

广东省卫生界被震动了。广州市教育界也被震动了。

这是广东省、广州市的第一位医药卫生工程学部院士！

这一天，广州市科协热烈举行庆祝会，庆祝广州市科协主席、广州医学院院长钟南山当选为中国工程院院士。当时的中共广东省委常委、广州市委书记高祀仁等领导同志及有关部门负责人出席了庆祝会。在庆祝会上，时任市委副书记曾庆申代表市委、市政府祝贺钟南山教授荣获院士称号。时任市委书记高祀仁高度赞扬了钟南山锲而不舍、顽强拼搏、无私奉献的精神和所取得的成就。

面对着鲜花和掌声，钟南山露出了一贯的儒雅笑容。在会上，他说道：对于自己能获选“院士”感到有些意外，但也并不觉得奇怪。他没有沾沾自喜，因为这一称号只代表过去的成绩，并不意味着他在今后的日子里就一定比别人强。唯一令他感到欣慰的是，他所在的广州医学院和广州市呼吸疾病研究所，并不是一个名牌大学和国家重点实验室，他只是在一个平凡的工作岗位上做出了不平凡的成绩。

“院士”头衔的获得，更增添了钟南山“在小中做出大”的信心和自豪感。

那天庆祝会散后，已经晚上 9 点多了。有位记者与钟南山同车回家。记者问他：“你要到哪去？”他说：“还要回医院去。”说着说着，记者又问起他妻子李少芬不肯参加庆祝会的事情来。钟南山深情地对记者说：“如果没有她（李少芬）操持家务，我怎么也抽不出这么多的时间来工作。她在省体工大队当副队长，训练工作也很忙。本来我也动员她来参加会议的，可是怎么说她都不肯。她说这是个‘洋玩意’，挺别扭的。这回好了，这束花就可以送给她了。”

1997 年 1 月 15 日，中共广州市委召开特别会议，决定号召全市人民开展学习模范共产党员钟南山同志的活动。《广州日报》在报道中这样写道：

“……在他身上，我们看到了一种体现着中华民族优秀传统的美德。

是的，那勇于开拓的品格，严谨朴实的作风，无私奉献的精神和那一片赤诚的爱国之心，始终贯穿在他全部工作之中。这也就是广东地区广大医务工作者所乐于称道的‘南山风格’。”记得在20世纪50年代，当时任广东省委书记的陶铸同志曾经说过：“要求于人的甚少，给予人的甚多，这就是松树的风格。”这种“松树风格”和“南山风格”是多么一致啊！

钟南山的奉献精神是过人的，他的动力是非常质朴的。他曾说过一段肺腑之言：“一名医生，当他亲手将一名危重病人抢救过来时，即使很苦很累，心里却是非常甜的；一名科技工作者，当他代表祖国站在国际学术会议的讲台上宣读自己的新成果、并得到公认而获得热烈的掌声时，心里也是非常甜的……”

一位记者曾直接问钟南山：“我看过众多资料，也在不同的场合、侧面了解到您的行为处事，对‘南山风格’也有一定的了解。但我没有听过您对这一提法的意见，很冒昧地问一下，您对‘南山风格’的内涵是如何理解与归纳的？”钟南山笑着说：“就是‘奉献、开拓、钻研、合群’吧。”

在钟南山的人生辞典里，奉献、开拓、钻研、合群，有着重要的意义。而在思想意识的深层，钟南山这样表达他的想法：

“我对自己所从事的医研专业越来越热爱，对提高专业水平的渴望也越来越强烈。这个动力来自对病人求生愿望的理解，来自对解除病人痛苦的责任感，也来自为病人治好病后所得到的安慰和鼓励。

科研是医学家的天职，但不是医学家的最终目的，医学家的最终目的是造福病人。”

怀着深切的报效国家、服务社会的意识，恪守科学精神，求索真知，通过坚持不懈的专业努力，挑战难关，造福病人，从永不言休的进取和奉献中获取无穷的快乐——这就是南山风格，这就是钟南山。

附录
对话钟南山

2003 年的春天，对于中华民族，乃至对于整个人类，都是一个不寻常的春天。一场突如其来的疾病——非典型性肺炎——向人类发起了挑战。

这是一场没有硝烟的战争。

这是一场生与死的较量。

南国羊城，一个矫健的身影奔波在抗击非典的战斗中。作为中国乃至世界呼吸疾病方面的权威，德高望重的他，临危受命，勇挑重担，带领一个坚强的团队，以科学的精神，高超的医术，抢救了一个又一个危重病人，总结并提出救治非典病人的医疗方案，被誉为“科学抗击非典第一人”。

他的名字叫钟南山——中国工程院院士、教授、博士生导师，现任广州医学院第一附属医院呼吸疾病研究所所长。

这个春天，人们在关注如何捍卫生命健康的同时，也记住了钟南山的名字。

中央电视台《面对面》栏目这样描述他——他是一名院士，但现在他更像是一名战士；在抗击非典的最前沿，他殚精竭虑，勇于直言；作为一个67岁的老人，他到底承受着什么样的压力？在这场和疫病的战争中，是什么在支撑着他的全部精神？

世界卫生组织专家伊文斯博士（Dr.Evans）在赴广东考察后对记者说，钟南山教授他们的经验十分丰富，这些经验对于全世界抗SARS工作都是宝贵的财富。在防治SARS方面，广东做了大量的工作，有些经验是通过生命和鲜血换来的。

时任广东省委常委钟阳胜说："我们广东有两个著名的抗非典专家，一个是工程院院士钟南山，医学专家；另一个是张德江书记，决策专家。"时任中共中央政治局委员、广东省委书记张德江说，"我的决策都源于钟南山等专家的研究，源于对疫情发展过程的仔细分析。离开了大家的实践，张德江什么都不是。"

……

钟南山，他到底是一个什么样的人？他在抗击"非典"的斗争中究竟做出了怎样的贡献？他又是如何成长为一名院士，攻克一个又一个医学难题？67岁的钟南山有什么秘诀，能让青春永驻？他对于国人有哪些健康忠告？他对于不幸感染非典的病人又有哪些建议？他对于人生、事业、科学、理想，有着怎样的看法和追求？

问题需要答案。人们也在寻找答案。

于是，我们——在钟南山身边学习、工作、耳濡目染多年的一些同事，决心拿出我们的笔，平实、客观地记录我们眼中的钟南山。

悬壶济世，福荫众生

2003年5月13日上午，我们来到广州医学院第一附属医院呼吸疾病研究所。按照事先的联系，钟南山答应在上午9点接受我们的一次访问。但时间只有20分钟。

钟南山太忙了，这段时间里，光是广州、北京，来来回回就好几次。前两天从北京刚回来，眼下他正忙着总结非典中一些诊断学的问题。5月

16 日，星期五，他将飞赴美国出席美国胸科学会年会。

他其实是极低调的人。当年，广州市希望他出任广州医学院院长，他坚辞不就，找他谈了三次话，最后，他才以大局为重，答应下来，但他声明“决不能脱离科研和医疗工作”，行政工作要有人分担一部分。我们编写关于他的这本书，已经有几年时间。我们几乎把所有的“比较虚”的东西都去掉了，只是客观介绍一些他的故事，他都怕“写过了”。这一回，拗不过大家的建议，总算许可了，但他几次专门说：“一是要平实，不能夸大个人的作用，不能‘脱离群众’；二是，人都是有缺点，有毛病的，不能写得那么高，那么满，很多人被写高了，自己也骄傲了，就被‘捧杀’了；三是，实事求是，不要动不动就把我和领导同志写在一起，给人的感觉是借什么抬高自己。”

他就像沉静时刻的珠江水，从容、和缓、镇定，没有丝毫的浮躁和喧嚣。

8 点 45 分，我们来到呼吸疾病研究所的办公室。前一天，也就是 5 月 12 日（从 5 月 11 日上午 10 时至 5 月 12 日上午 10 时），广东全省报告非典型肺炎病例 3 例，治愈出院 5 例，无死亡病例，疑似病例 23 例。至此，广东全省累计报告非典型肺炎病例 1509 例，累计治愈出院 1319 例，死亡 56 例，疑似病例 426 例。最令广州人振奋的是，在这一天，广州市首次没有新发病例报告。

不过，在呼吸疾病研究所，气氛依然是紧张的。毕竟，这里有广州最重的一些病号，他们还在治疗。走廊里，推着小车的护士、医生都全副武装，戴着口罩。

在办公室等候的还有香港亚洲电视的记者，也是人人戴着口罩。亚洲电视受霍英东基金会委托，正在制作一部关于呼吸疾病研究所抗击非典的电视专题片。霍英东基金会向广州呼吸疾病研究所捐出过上千万元资金，用于购置最先进的治疗设备，建立新的重症监护室。这里目前有 16 张治疗床，每张床都配备全套的设备，价值在 100 万元以上。设备刚添置好不久，非典的风暴就降临了。

亚洲电视的记者已经来了四五天了，还没有正式的机会采访钟南山。只是在他参加一些活动时随机提一些问题。也许是感到他太忙了，记者们转而采访其他的呼吸疾病研究所领导。

香港的非典疫情已经得到了相当程度的控制，每天新增发病人数为个位数。我们问亚洲电视的记者："经验是什么？"他们回答说："主要是隔离措施比较坚决，这一点钟院士也很肯定。不过我们有一点不好，香港的死亡率比较高。"

根据世界卫生组织5月10日在日内瓦公布的全球最新非典疫情报告，截至当天国际标准时间18时整，全球共有非典病人和疑似病人7296例，其中死亡526例，痊愈3087例。有疫情的国家和地区的数目是33个。世界卫生组织的报告说，中国大陆有病人和疑似病人4884例，235人死亡；中国香港1674例，212人死亡；中国澳门1例；中国台湾172例，18人死亡。这样计算的话，香港的非典死亡人数占全世界非典死亡人数的40.3%，仅低于内地所占的44.7%；但是，香港的死亡率达到12.67%，远高于内地的4.8%。

我们问是什么原因，亚视的记者说："可能跟治疗过程中激素剂量的用量掌握有关。"

在办公室等钟南山的时候，我们注意到墙上挂的一幅条幅，是广东著名的书法家卢有光写给钟南山的，上面是八个大字——悬壶济世，福荫众生。

最重要的是相信自己的眼睛

我们没有想到，我们等他的时候，钟南山其实已经在自己的办公室里工作了。他在处理手上一些很紧急的事情。9点5分，呼研所的一位领导走进会议室，说："钟院长让你们到他办公室去。"

在呼研所，大家还是习惯叫他钟院长，因为他在广州医学院院长任上干了10年。一直到他强烈提出，希望专心于医疗和科研，才卸下了院长的担子。

钟南山的办公室在5楼的最里头，走到底。他坐在沙发上，沙发前的茶几上摆着手提电脑，上面是和非典有关的文件。看得出，他正在电脑上工作。

寒暄几秒钟后，对话就开始了。我们把手表放在茶几上，用来控制时间。

问：钟院长，我们很不忍心占用您宝贵的时间。谢谢您。为了节省时间，我们现在就开始提问。听说您马上要去美国参加一个国际性的抗击非典的会议，做大会发言，您是代表中国去的，您准备讲些什么？

答：确切说，是美国胸科学会的年会。4月初他们给我一封邀请信，主要想让我谈谈防治SARS的问题。这是目前国际上很关心的一个问题，他们希望了解，我们采取了一些什么办法将死亡率控制在较低水平的。

问：您准备谈多久？

答：我也正在通过电子邮件跟他们进行联系。国际性的学术会议，大会发言，一般时间是很紧的。在国外，除非Post-graduate（研究生），毕业课题的发言，否则时间很少超过半个小时。除了大会发言，更多还是通过其他形式来进行交流。

（据钟南山身边一些人的介绍，这次美国胸科学会年会的大会发言时间一般是8分钟，但主办者给钟南山留了30分钟。）

问：您是国际级的专家。世界卫生组织对广州防治非典给予了很高评价。您认为关键在哪里？

答：我想客观地讲，世界卫生组织一开始对我们是有怀疑的。一个是疫情的报告，当时他们（不相信），拖了一个星期才来广州。到广州后，他们参观了几个地方，对我们疫情的报告基本相信了。另一个，当时因为这个病来得很急，用什么办法治，他们也没有什么想法。我们很实在地把当时的情况，我们是怎么做的，治疗的效果是怎么样的，如实地跟他们说了，他们听了以后很认可。因为我们没有夸大，也没有偏袒，就是一五一十，怎么做就怎么说了，而且讲出了道理：为什么，怎么办，结果怎么样。

回过头来看，得到世界卫生组织的好评，关键是靠两条：一个是我们尊重事实，这个病的自身的发展规律是怎么样的，最重要的是相信自己的眼睛；第二，是及时总结，发现规律。原来是试探性的治疗，后来发现有效，发现有这样的规律，就及时总结，进行推广。

我不觉得压力很大

问：钟院长，我们知道您一生中经历过很多次的挑战，和以前的挑战相比，这次抗击非典是不是最大的挑战？

答：我觉得，从最后的结果看起来，是最大的挑战。但从对我本人心理的压力来说，还不是最大的挑战。对我的内心压力最大的还是1980年，我去英国留学。按照英国的法律，中国医生的资格在这里不被承认，因而不能单独为病人治病，只能以观察者的身份参加查房和参观实验。由于当时的导师不了解中国，不了解我，不信任我，于是对我的学习时间提出限制，原本两年时间的留学，他给我限制为8个月。8个月做不出什么工作，就要自己出去找出路。那对我来说，不仅工作没有了着落，也达不到学习的目的，可以说回来无颜见江东父老。当时的压力是很大的，当然最后压力变成了动力。

而这一次，我始终有一种预感，我们可以解决问题。尽管一开始有些不同看法，对治疗的方案也有不同的认识，但我始终有一种信心。主要是我们的国家，社会的风气，现在比较讲究实事求是，看事实，特别是群众。因此我不觉得压力很大，我也不觉得他们说的怎么怎么可怕，我认为是可以过去的。我的动力比压力要大得多。

问：从20世纪70年代初您从北京回到广州，却被人看不起，当不了外科医生；到英国留学，导师给你泼冷水；再到这次抗击非典，面对压力，您是怎么给自己鼓励，最后战胜压力的呢？

答：我想最大的动力来源于对自己的信心，对自己能力、潜力、能够做好工作的信心。

我从小到大，一直认识到，有些事情，只要经过努力，是可以达到的。关键是努力。经常有一种感觉，很多东西看起来很高不可攀，但是我观察别的人，他们能做到，我就应该能做到。

问：您从来没有动摇过吗？比如面对这次非典斗争中的干扰？

答：动摇，当然是有。面对干扰，我想一个还是对自己有信心，一个是始终有一种追求。你说的干扰，一个是关于病原，到底是什么？一个是对这个病的认识，二三月份，（有人说）是控制了，我说没有控制。第三是我提出国际大协作的思路，有人说大协作是错的。但我始终不觉得有很大压力，因为很快就得到了证实。

敢于肯定自己，也敢于否定自己

问：中央电视台《面对面》采访您的时候提到了关于政治的话题。今天我们想问一个关于科学的话题。您理解的科学精神是什么？

答：我接触过许多搞学术的人士，真正有学问的人。我感到他们有这样一些共同的特性：他敢于肯定自己，也敢于否定自己。这是最重要的。他有自己的探索和追求，在实践中发现是对的东西，他敢于坚持，但是，经过实践发现是错的东西，他也敢于否定。否定自己有时比肯定自己还要难。我自己在这里这么多年跟大家相处，我能够一直跟学术界相处得很好，就是说我要按照事实来说话。有时候大家观点不一样，争论得很厉害，一旦事实证明（我错了），他们就可以说服我。我可以纠正过来。在学术界，大家都很强，压服是不行的，只能靠事实去说服。

健康忠告

问：非典之后，大家的健康意识提高了。您一直酷爱运动，上大学时打破过全国 400 米跨栏的纪录。您多年坚持锻炼，67 岁看起来还像四五十岁的人。您对于一般人有什么样的健康忠告？

答：人有几种年龄，实际年龄，生理年龄，心理年龄。实际年龄就是你在世界上实际存在的时间，多大就是多大，是多少岁就是多少岁，改不了的；生理年龄是指人的生命自然演化的过程，有的人实际年龄是中年，但会出现全面衰老的迹象，头发白了，满脸皱纹，体弱多病，看上去就像是五六十岁。这种人的生理年龄就比实际年龄大。有的人年过半百，红光满面，青春依旧，就是他的生理年龄比实际年龄小。

还有心理年龄，根据人的心理老化程度来确定。看他有没有健康的心态？

实际年龄相同的人，生理年龄和心理年龄可能会有很大差异。一个人有好的心态，反过来会改善他的生理年龄。还有就是通过运动等，也可以保持生理年龄的“年轻”。

我注意到，儿科医生一般都很长寿，就是他们整天跟孩子在一起，心态好。像“北医”的胡亚美院士，你跟她聊起来，她讲话啊，性格啊，就像小孩一样，当然显得年轻了。

我对大家的建议，就是要根据自己的实际情况，选择适合的运动，坚持不懈。人的体力不是随着年龄而自然衰退的，人体除了水分，80%都是肌肉，通过运动，可以增强肌肉的机能，改善新陈代谢，保持全身健康。

运动的重要性，是这几年大家才开始认识到的。过去，改革开放后，生活水平好了，大家的消遣就是吃饭、唱卡拉OK等娱乐方式，不重视运动。而我从小学五六年级就喜欢上了运动，一直到现在，除了最近这一两个月。

问：在一般人心目中，您是很忙的，时间是很紧的，怎么保证足够的运动时间呢？

答：时间是相对的。你吃饭有没有时间？你睡觉有没有时间？有时间吃饭、有时间睡觉，你就应该有时间运动。关键是看什么重要，你认为不认为它重要。这跟idea（想法）有关。

问：那么，对于那些感染过非典的病人来说，运动还有什么意义吗？

答：得了SARS的人，肺功能会受到损害。除了用医疗手段治疗外，还有就是靠增加他的肺活量，提高自身的力量。通过适量的锻炼，对吸入空气的要求会提高，肺活量也会提高。

所以康复了的病人，能够自觉地进行一些力所能及的运动，对他们是有帮助也有好处的，例如步行、打羽毛球。这可以提高他们的免疫力。

人生和生活方式忠告

问：钟院长，现在很多人都把您看成做人方面的榜样和楷模。您对他们的人生有什么样的建议呢？

答：我想我的中学老师说过的那句话还是很重要的，就是“人不只生活在现实中，还生活在理想中”。一个人要是没有任何理想和追求的话，那他的喜怒哀乐就完全跟物质的东西相关。假如他有所追求的话，其他东西就会放得很次要，那么他的韧劲就会很高，不管遇到什么困难，都会朝前走。

问：家庭和事业的关系是很重要的，您怎么处理？

答：我不能说我处理得就很好，事实上我们也会有矛盾。关键是相互理解，让她能理解我工作的性质和任务。我爱人知道这个病的传染性，她也担心我经常出差坐飞机不安全。

我自己要到外边出差，经常都是等到最后，快走了，不得不告诉家里，才告诉她我要去哪里。不过最近好多了，一个是沟通，一个是她也感受到这个工作对于社会的意义，她接受这样的现实，并且理解、支持我的工作。

问：您觉得非典对人们在生活上的方式，会有很大的改变吗？

答：我认为这次非典改变了人们的生活态度、观念和方式。像吐痰，现在要罚款，绝大多数人是接受了。大家开始很注意个人健康，注意多运动，出去回来洗手，改善个人的卫生习惯。还有，像卡拉OK这样的娱乐方式，里面又小，又不通风，一群人凑在那里，感染了非典不好办，所以早点回家吧。现在男人们去得少了，很早就回到家里，这对家庭关系也是改善。总之，人们开始追求一种健康的生活方式。

假如SARS重来

问：您在这次抗击非典的工作中，接触到许多各级领导。您对于他们的工作做何评价？

答：我觉得现在的领导更加尊重事实，尊重科学。

问：我们都不希望SARS重来，但如果可以假设的话，假设它重来，我们在哪些方面可以做得更好？

答：我想就是时任总理温家宝讲的，我们在三个方面存在不足：准备不够；经验不足；某些地方措施不力。准备不够，包括思想准备不够，技术准备不够。

我想以后，经过这次非典之后，情况会好多了。

第一个，我们突发的灾害，以后会有比较强的承受能力，以及思想的承受力。

第二个，我们的国家、政府对于卫生、预防、防疫系统，会有更多的投入，采取更大的措施。这么几个月，非典对我们国家的经济影响不可估量。那么，通过我们采取一系列的措施，以后再出现类似的问题，就会比较主动。一是我们的思想准备会比较充分；二是不会措手不及，像这一次，一些地方没有注意隔离，把非典病人留在社区里，感染其他的人。

第三个，我们会实事求是地处理这样的事情。世界卫生组织说，除非中国某些地区能够把真实的情况真正告诉我们，否则不会有合作的可能。我想这是个深刻的教训。

我也发脾气

我们对钟南山的访问结束了。虽然时间很紧，几乎是连珠炮式的提问，但他始终从容镇定，娓娓道来。

临走时，我们看到，他的办公桌后面的窗台上，摆着一个长方形的匾额，上面写着“勇敢战士”四个字，那是广州市护士学校的学生送给钟南山的。条幅的右边写着他说过的一句话：“医院是战场，作为战士，我们不冲上去谁上去！”字很朴拙，但看得出，他们是用心的。

我们问：“钟院长，您一直都是这么从容吗？”

“我也急躁，也发脾气。像刚才，你们进来的时候，不是就发了脾气了吗？”

原来，那是医学院宣传部的录像师，为了录像存档，所以架设了小型摄像机。这件事，没有提前跟他说过，没有预约。他有些急，说：“我不要再录像了，已经太多了。”

他不愿意亮相。但最近这几个月，他被一个接一个的任务“压迫”的时间太长了。

摄像师有些尴尬，他马上说：“既然进来了，就算了吧。以后不要再这样了。”

这个专注在事业中的学者、专家、医生，自己再辛苦，难免也有情绪，但他尽量替人着想。他是善解人意的。

离开他的办公室的时候，我们说到写这本书的原则：“一定不会夸大，一定客观平实。”

“千万，千万。”有些疲倦、神情严肃的中国工程院院士钟南山说。

（作者注：2003 年的采访特邀著名政经新闻杂志《南风窗》总编辑秦朔参与主持）

与钟南山“面对面”

2003年4月26日，中央电视台“东方时空”特别节目“面对面”栏目播出了著名新闻节目主持人王志对钟南山的采访，在全国产生了强烈反响。

我不认为它恐惧

王　志：钟院士，面对你这样一位专家，我很想请你告诉我，非典的疫情现在到底是一个什么状况？

钟南山：要看你按哪一个地区来考虑。比如说在广东，就是非典发现最早的地方，现在病情是得到了很大程度的遏制。所谓的遏制就是说它的发病率明显减少了。

王　志：但是全国的情况给人的感觉好像是风声鹤唳，愈演愈烈了。

钟南山：我看不完全是这样。目前，从中央到地方再到医疗卫生部门，各方面都很重视，而且在采用了适当预防措施的情况下，它会不会像广东省那样，一定要发展到多大多大的数量，那倒不一定。

王　志：那是不是意味着民众对于这种病的恐惧，还要持续相当长的一段时期？

钟南山：我想民众应该对这个病有一个思想准备。但是我并不同意你所说的恐惧。因为恐惧是来自于一个对疾病的无知。如果了解这个病的话，它应该可以防、可以治。在这样的情况下，我不认为它是恐惧，应该正确对待它。

感觉到这个病非同一般

王　志：抗击非典的战役，可以说是从接诊第一例非典病人开始。你是什么时候接诊第一例非典病人的？

钟南山：第一例非典病人应该是在佛山，那是在2002年11月底。第二第三例是在河源，河源的是12月初。我接诊的是第二例。

王　志：能否再回忆一下，当时接诊河源病人的情况。

钟南山：当时我是按照常规到ICU查房，有一些医生向我谈到有这么一个奇怪的病人。他是从河源来的。当时他呼吸困难，非常明显，到了呼吸病研究所的时候，他已经是垂危的状态。

王　志：当时抢救了吗？

钟南山：当时我对病人进行了一下体查，发现这个病人发烧并不很严重，其他的器官没什么事儿，有一个很突出的特点就是肺很硬。我们知道肺平常就像橡皮球那样，有气吹进去就胀了，气一出来就缩瘪了。但是他这个肺就像一个硬邦邦的塑料一样的东西，吹也吹不胀，缩也缩不瘪，没有弹性，所以用一般的办法来进行通气很容易就产生气胸，肺就破了。

我们会诊以后用了很多抗生素，还是不能解决问题，所以我们考虑它会不会是一个急性肺损伤。根据这个考虑，我们试用了一下大剂量皮质激素，进行静脉点滴治疗，当时觉得是中末期，胜算不大。

但是很意外地发现，到了第二天第三天病人的情况明显好转，这使得我们非常惊奇。这是河源的病人，后来我们发现在河源，还有两个陪病人来的和陪伴过他的共8个人被感染了，当时我们就已经感觉到这个病非同一般。

王　志：8个什么样的人被感染？

钟南山：8个人都是在一块儿的，有的是医务人员，有的是家属。过了几天以后就发现凡是跟他接触的这些医生和护士都得病了，而且后来因为觉得这个病人是有感染的，就将病人送到另外一个医院，过几天后在救护车上护送他的医生和护士也病了，还有开救护车的司机。所以这个时候我们强烈地感觉到这个病有很强的传染性。同时正因为都感染到年轻人，有一些人不治而亡，所以我们还觉得这种病有很强的致命性。但是，在那个时候，我可以说，我们并不了解这是一个特别的肺炎。

一开始由于不明原因，所以我们把它命名为“不明原因肺炎”，这个名称当时也在省卫生厅向一些媒体，还有向一些医疗卫生部门提了一下，但是由于它是不明原因所以很容易造成一些误会，特别是中国香港就报道这是个炭疽性肺炎，或者说是一个鼠疫、腺鼠疫性肺炎，实际上它并不是。

王　志：你怎么排除炭疽呢?

钟南山：我想是完全可以排除，不是炭疽这些东西，因为这些东西是很容易发现的。

王　志：怎么排除鼠疫呢?

钟南山：鼠疫也好，病原菌也好，是很容易就可以发现的，通过肺组织、通过分泌物，通过血清学测定都能够发现，这些都做过，都没有发现。

王　志：最初还怀疑是禽流感?

钟南山：是的，但是后来从病人的分泌物，从血清，从各方面的检查并没有发现有禽流感。个别的有，但是它并没有跟这个直接联系上，所以是可以排除的。所以后来我们觉得，提出来叫非典型性肺炎，可能更实际一些。那么到了后来，由于它的传染性很强，卫生部把它补充为“传染性非典型性肺炎”。

这个应该是我们的本行

王　志：你在2月11日广东省卫生厅举行的记者见面会上，以院士的声誉作担保，告诉大家，非典并不可怕，可防、可治。你的发言起到了一个非常稳定人心的作用，发布会之后，形势是好转了还是在继续加重？

钟南山：发布会以后我想形势还没有得到很好控制，病情还是继续增加。

王　志：那当时病人怎么越来越多呢？情况是怎么样的？

钟南山：按照每天来算的话，当然这个数量是增多的。这一个可能是有了一个准确的统计；另外一个可能就是，每天由于互相感染的机会越来越多，所以病人多了。

王　志：在这个过程当中，你内心有什么样的感受？

钟南山：我想第一个，既然是肺炎，就是我们搞呼吸、搞胸肺科医生的首要责任。我们首先应该搞清它是什么，这个应该是我们的本行，我们本身的任务。

王　志：那当医务人员大量被感染的时候，你第一个提出来要跟省卫生厅说，把最重的病人送到呼吸所来，什么情况下做的这个考虑？

钟南山：我考虑到是两个原因，第一个就是说，我在这个领域从事了30几年的工作，积累了一些经验，还有我们所的条件和经验，估计要抢救这些病人，不是所有医院能做到的。

我们在这一方面有专长。病人来的话，我想他们被抢救成功的机会会多得多。这是第一个原因。第二个原因就是这些病人，一般感染比较重的病人，他的传染性会比较强。只要传染性比较强，任何医院都去搞的话，那我想感染的机会比较多，集中在一个地方相对来说就使感染的范围减少了。

王　志：那有没有考虑到如果没有达到理想的效果所带来的负面影响？

钟南山：我想有考虑，但是更多的我想我们会搞好。因为从这几例的治疗过程中我们不觉得十分困难，所以首先我觉得是有信心的。因为我只要有一定的把握的话——我做任何事都是这样——只要有一定的把握的话我首先考虑成功，而不是首先考虑失败。

王　志：那你怎么跟同事交代呢？怎么跟属下交代呢？

钟南山：我想我们团队里好像比较少考虑它。从学术的角度，那么这次对我们来说，除了救死扶伤以外，实际上是给我们一个好机会，让我们能够在学术方面做一个探讨，能够有一些创新。这个跟救死扶伤是一致的，这也是我们的一个动力，让我们去探索这个工作。如果你不接受更多的病人，你能探索吗？只能在理论上探索。

什么叫重病人？就是呼吸很困难的病人，需要抢救的重病人都转到广州呼吸疾病研究所来了，所以在 2 月份我们大量的工作都是在抢救这些病人。

不要不透明，要相信大家

王　志：最忙的那一段我们在广州也看到过你的工作节奏，我不知道你怎么安排自己的时间和精力。

钟南山：我想因为病情发展得很快，另外，医务人员发病的很多。这两个问题就使得我要每天考虑，每时每刻都要了解病人的情况，每时每刻要了解我们医务人员有没有受感染。

王　志：小陈告诉我，你原来不开手机，不太用手机，从什么时候开始 24 小时开机？

钟南山：这个应该是在 1 月下旬开始就一直在工作状态了，因为这个时候随时有变化必须要这样做，特别是后来很多医务人员——这些很多都是各个医院的负责人的医务人员，他本人就是抢救非典型性肺炎的负责人——他病了，要转到我们这儿来，那这个时候我们的责任就更大了，就要随时了解病人的情况。

王　志：你说靠一个团队，你怎么凝聚这个团队，有什么办法让他们服你？

钟南山：第一个我想很重要的就是把自己的意图，或者我们要做什么，要让大家都知道，不要不透明。干一些事儿让大家知道他为什么要这么干、怎么干，他就会有一个主观能动性来做好，这就是要相信大家。第二个我觉得很重要的是你想让人家干一个事儿，你自己要先去干，不管是检查病人、看病人或者到哪儿。但是假如说要去看病人，你要别人去看，你自己又不去的话，你就根本不可能调动大家。在这样的情况下，更加要到第一线去。

我自己就是对每一个病人都要观察，因为我始终想找出他的规律，所以，所有的病人，对他的口腔、对他的咽部，我都进行仔细的检查。

王 志：到你挨个儿去看他们口腔的时候，你应该是已经知道这种病有强烈的传染性了。

钟南山：是的。

王 志：即便你是专家，但是非典型肺炎对于你来说同样也是很未知的，而且危险是一样的，你应该比大家更知道它的危险性，你怎么考虑你个人面临的这种风险?

钟南山：我知道它有强烈的传染性，从学术的角度我更想知道它是怎么回事儿，你不做一些了解的话，你怎么能够得到第一手的资料？光是听人讲不行。另外一个我也相信自己，我想身体好的人，不是每个人都会得病的。

自己的情绪和信念

王 志：你身体确实是好，你可以相信你自己的身体，但是你也应该相信自己的年龄。

钟南山：我也想过，但是想得不太多，占我头脑里比较多的问题，还是找到这个未知数。

王 志：当你2月18日，连续38个小时没有合眼之后，由于过度劳累病倒了，你为什么不让大家知道呢?

钟南山：我想那个时候因为任务比较重，各项工作特别是抢救工作也比较繁忙，我那个时候确实比较疲劳。但是那个时候其实我没有觉得很严重，另外我想不要影响大家的情绪。我并不是什么大病，只是过度疲劳以后出现的身体不大舒服，休息两天就好了。所以我想没有必要向大家讲得太多，这样会影响到我们的工作。

王　志：但是对于你一个60多岁的人来说，应该是件严重的事情。

钟南山：我想人一个是身体，一个是自己的情绪和信念，假如一个人比较超脱，他正在很热衷或者是一心一意去追求一个东西的时候，往往其他很多东西是比较容易克服的，包括身体。所以我在那样一个思想的支配下，好像身体也比较快复原了。

王　志：你的家人对你的工作支持吗？

钟南山：我的家人对我，我想应该是非常支持的。她非常害怕我得病，所以每次回来进行严格的检查，先问一问我有没有去病房查病人，要是有的话在门口就得截住，脱下衣服，洗澡，把所有衣服拿去洗。尽管她知道我去病房查病人，我们整天接触，而且包括他们有时候到其他地方都被别人说你不要过来了，因为你的家人是整天接触这个病的，这个大家都知道，但是我想他们很理解我，所以从来没有对我做这个工作有任何的阻拦。

没有硝烟的战争

钟南山：在我的研究所里，面临着这么严重的一种病，生与死的这种考验面前没有一个人要求调换工作，没有一个人要求休假或者其他什么，他们都在工作。特别是有一些医生这方面的表现更加突出。我们有一个医生到现在还没出院，他就是在做气管迸插抢救一个病情严重的非典型肺炎病人的时候染病的。他带了四层口罩给病人做，但是过了3天他自己病了，还有两个护士也病了。他发展很快，发展得也很重，他到了极期的时候，呼吸很困难，心跳只有40次。当时他看见我流下了眼泪，非常痛苦，但是在他恢复的时候“从来没有说过后悔做了这个工作”。我们现在正在抢救一位主任，今天的情况很不好，因为由于他拖延了治疗，刚才打电话给我情况很不好。那么这个病人都是我的同道，而且都是我的好朋友，我是觉得很伤心的。

王　志：那当你听到你的同志倒下去，甚至病死，你的感受是什么？

钟南山：这是一场没有硝烟的战争。我想我们这次对抗的是非典型肺炎，说不定下一次是传染性心肌炎，我相信搞心脏的医者也会像我们一样站在最前线的，他不会因为怕传染就不来了、不做了。

积累了大家共同的经验

王　志：整个广东省的防治非典型肺炎的诊断标准是怎么出台的？

钟南山：因为我们发现送来的病人里，或者说有一些地方去会诊的病人，诊断的标准差异极大，有的已经很晚期了，还搞不清楚是什么，有的根本就不是，所以当时就觉得有必要有一个共识。我想从书本上参考，但没有这个参考。所以这个整个过程我想主要还是积累了大家共同的经验。

王　志：你在中间起到一个什么样的作用?

钟南山：真正执笔写的，不是我，但是我们整个的指导思想、诊断治疗，我在这里头起了很重要的作用。另外，稿子成文以后我也进行了比较认真的修改。

王　志：那这个标准在后来治疗非典的过程中起了一个什么样的作用?

钟南山：我想还是起了非常重要的作用，在3月份以后死亡的病例是很少的，死亡的病例要么就是以前没有得到及时治疗的，或者说他原来有其他病的，以后就比较少，而且不少病人、比较早期的病人康复。最近我们跟香港东区医院代表团交流，东区医院采用了我们三种手段，包括皮质激素治疗，包括面罩通气，包括及时的治疗二重感染，他们收治的75个病人里头，没有一个死的，只有一个插管，他们认为这个经验是很可取的。

关于衣原体

王　志：2月中旬有关方面宣布这个病的病原有可能是衣原体的时候，你（为何）站起来表示反对?

钟南山：一开始宣布衣原体的时候，他不是说有可能是衣原体，而是很明确地说，现在已经明确非典型肺炎基本诊断为衣原体的病因，而且治疗采用抗衣原体的药物，有足够的疗程比如说两周就可以解决问题。我想，这个看法是不是缺乏调查研究，没有认真地从临床的角度来认识？从我们临床感觉有两个大的不同，很难用衣原体的肺炎来解释，第一个就是衣原体引起的肺炎很少引起这么重的肺炎，第二个我们采取了足够剂量的治疗衣原体、支原体的药物，但是一点效都没有。当时我考虑，除非这个衣原体是一种特殊的变种，否则的话是很难用衣原体来解释的。

王　志：在当时来说，衣原体是一个很权威的声音。

钟南山：学术上就是真理，就是事实。但是当我们看到这个事实跟权威的是不一样的话，我们当然首先尊重事实，而不是尊重权威。

王　志：但是你从其他方面考虑来说，你可以不说话，可以我行我素的。

钟南山：我完全可以，但这不是一般的学术讨论，是救命的问题。假如我们采取错误的治疗方法，死的人会更多，这种情况下我们是没有什么选择的，必须要按照我们自己看到的事实、我们总结的经验来进行治疗。

关于国际协作

王　志：你在什么样的情况下提出要搞国际协作？

钟南山：这个病，本身的病原搞不清楚，它的传播途径搞不清楚，到现在它也没有一个更有效的治疗方法，这么多环节搞不清楚，我们需要两个层面的协作。第一个层面是什么呢？是流行病学的、病原学的和临床方面的密切协作，只有这样才能够真正地找到它的病原。

第二个层面的协作是什么？是国际上的大协作，因为这个病是人类的疾病，这个病是致命的，需要综合各国的优秀的科技成果和技术，共同来攻关，只有这样才有可能解决问题。

王　志：现在看起来你说的协作是对的，但是在当时的情况下，你提出来是很有压力的，而且对你个人来说有非议，你知道吗？

钟南山：当时我们首先跟香港大学协作，协作的时候有一些人是反对的，当然并没有直接地责备我。

王　志：那这种批评和压力对你没有影响吗？

钟南山：有影响，但我不觉得是一个很大的问题，我觉得这是一些学术上的互相讨论，同时我们希望把这个病更快地搞清楚，这没有什么错。

关于“有效控制”

王　志：有效控制跟有效遏制，在你看到底有什么区别？

钟南山：我觉得有很大区别，我到现在为止也不认为，我们是有效的控制。控制的前提是什么，是要发现这个病原，同时找到对这个病原的处理的方法，发现了它的传播途径，这个时候在有些国家可以有效控制它。但是现在的非典型肺炎，病原刚刚知道一部分，（只是）初步了解，它的传播途径还不知道，它的源头是什么？从哪儿来的？还不知道。那么，我们现在只不过有一些办法能够减轻它的症状，缩短它的病情，减少死亡率，减少它的发病的情况。在这样的时候，我们就可以用“遏制”，“遏制”似乎是更科学一些。

王　志：那你为什么要站出来纠正呢？

钟南山：这个病不但影响我们国家，已经影响了将近20个国家和地区，而且看这个样子还有可能在有些地区进一步扩大。在这样的情况下，你说控制，那是很不科学的，所以我们提出要修改。这是要我们加倍地警惕，要注意这个问题，如何更好地让所有的国家配合起来，在这一方面投更大的力量来进行防、治等各方面的研究，所以不要轻易地讲有效控制，我认为这样是比较科学的。

我的最大的动力

王　志：你关心政治吗？

钟南山：我想就搞好我们的业务工作，以及做好疾病防治，这个本身就是我们最大的政治。对我们搞这一行的人来说每个人都有自己的政治，像你们作为记者，你把你的采访工作做好，而且做出人民喜闻乐见的节目，对你们来说就是最大的政治。你在你本岗位上能够做到最好，这个就是你最大的政治。

王　志：那你有没有一个时间表？从你的专家的角度来说，要控制这个或者说能够有效地治疗。

钟南山：我想我只不过是一个临床大夫。我不能够用我的，我自己的单纯的知识就能够对它提出一个预测，或者预计这个病什么时候能够控制，能够什么时候做好。但是作为一个临床大夫来说，我想寻找出比较有效的治疗方法，我相信时间不会很长。

王　志：其实对于你个人来说我觉得荣誉不是问题，学术地位也不是问题，那你这样拼命到底是为了什么？

钟南山：我想追求一个未知数，就是这个目的。这个病是什么病原，是什么源头，怎么治，我希望搞清楚这些，这就是我的最大的动力。

钟南山年表

1955 年考入北京医学院（现北京大学医学部）

1956 年代表北医获得九院校 400 米赛跑第一名，被评选为北京市“三好学生”，在人民大会堂受到周恩来总理接见

1958 年，在新中国第一届全运会上，以 54.4 秒的成绩打破了四百米栏的全国纪录

1960 年毕业于北京医学院医疗系，同年留校工作

1971 年调入广州市第四医院（现广州医科大学附属第一医院）工作

1974 年参加慢性支气管炎防治小组

1978 年参加第一届全国科学大会，获优秀论文一等奖

1979 年考取公费出国留学资格，赴英国爱丁堡大学附属皇家医院进修，成为“文革”后第一批公派出国留学人员

1981 年在剑桥大学参加全英麻醉学术研究会议，论文被大会通过

1983 年担任广州医学院（现广州医科大学）副教授

1984 年担任广州呼吸疾病研究所所长；同年被授予首批国家级有突出贡献专家称号

1985 年任中央领导保健医生，受聘为世界卫生组织医学顾问、国际胸科协会特别会员、亚太地区执委会理事；任硕士研究生导师

1987 年任广州医学院第一附属医院院长

1988 年首次提出“隐匿型哮喘”观点

1989 年首次在国内提出中国慢阻肺患者基础能耗校正公式

1990 年被评为全国卫生系统优秀留学回国人员

1992 年担任广州医学院党委书记、院长；担任 WHO 全球慢性呼吸疾病（GARD）联盟执行委员会常委，当选为中国广州市委委员；获得全国卫生系统模范工作者称号。

1993 年当选第八届全国政协委员、担任博士生导师；受到广东省人民政府通令嘉奖

1994 年作为中国唯一的科学家代表，参与组织制定联合国国际卫生组织全球哮喘防治战略

1995 年被评为全国先进工作者，荣获全国五一劳动奖章

1996 年当选为中国工程院院士

1997 年当选为中共十五大代表；被评为广东省白求恩式先进工作者；被中共广州市委授予模范共产党员称号

1998 年起任中国工程院医药卫生工程学部副主任

1999 年任中华医学会呼吸病学分会主任委员；被评为广州市精神文明建设标兵，并被评为全国 100 名优秀医生

2003 年因抗击非典功勋卓著被广东省人民政府荣记特等功、被广州市人民政府授予“抗非英雄”称号；再次荣获全国五一劳动奖章，当选 CCTV 感动中国十大人物；获“中国医学基金会华源医德风范奖”

2004 年荣获全国卫生系统最高行政奖励“白求恩奖章”；获中国医师协会“中国医师奖”；当选国务院侨务办“全国侨界十杰”；获广东省科技进步特等奖

2005 年任中华医学会 23 届理事会会长；获国家科技进步奖二等奖

2006 年获中国呼吸医师奖；获吴扬奖（特殊贡献奖）；当选广州市精神文明建设标兵

2007 年担任呼吸疾病国家重点实验室主任；被授予英国爱丁堡大学

荣誉博士学位；获全国道德模范（敬业贡献）奖；当选全国十大科技英才；获广东省科学技术突出贡献奖；欧洲呼吸学会（ERS）终身荣誉会员

2008 年当选第十一届全国人大代表；钟南山等发表的名为《羧甲司坦对慢性阻塞性肺疾病急性发作的作用（PEACE 研究）：一项随机安慰剂对照研究》的论文，以最多票数被《柳叶刀》（THELANCET）评选为“年度论文”，这是中国科研工作者首次获得此殊荣

2009 年被教育部评选为“高校教学名师”，成为广州医学院第一位国家级教学名师；入选“100 位新中国成立以来感动中国人物”

2010 年被中国科学技术协会评为“全国十佳优秀科技工作者”；获澳门科技大学荣誉博士学位

2011 年广州呼吸疾病研究所团队获评“南粤功勋奖”；获“吴阶平医学奖”；被授予伯明翰大学荣誉博士学位

2013 年任广东省 H7N9 禽流感防控专家组组长；获国家科技进步二等奖

2014 年获香港中文大学荣誉理学博士学位

2015 年被评为首届“羊城好医生”

2016 年获中国工程院颁发的“光华工程科技奖”的成就奖；获中华医学会呼吸病学分会颁发的“杰出呼吸学术贡献奖”“终身呼吸成就奖”

2018 年在庆祝改革开放 40 周年大会上被党中央、国务院授予“改革先锋”称号

2019 年在中华人民共和国成立 70 周年“最美奋斗者”表彰大会上被授予“最美奋斗者”称号；入选由 CCG（全球化智库）与中国国际人才专业委员会联合发布的“中国海归 70 年 70 人”榜单

2020 年任国家卫健委高级别专家组组长；被授予“共和国勋章”

后　记

钟南山院士和这本书

2020 年 1 月 25 日，大年初一，我和几位老同事给几天前刚从武汉回来的钟院士拜年。我们谈起武汉的疫情，院士神色凝重，只是在说到“钟南山说动才动”的网络段子时，他才笑了一下。后来他说要去一趟办公室，连线有关专家研究疫情对策。望着院士匆匆离开的“逆行”背影，我联想起最近那两张他奔赴武汉的“最美逆行”照片。1 月 20 日，他在接受央视采访时披露了新冠病毒可以人传人的真实情况，引起党和国家及社会大众对疫情的高度重视。作为专家组组长，及时说出真相，在危难时刻，他让大家尽量待在安全的地方，自己挺身奔赴最危险的疫区调研。有这样的“民族脊梁，无双国士”，实属国家民族之大幸。

几天后，中共广州市委宣传部的领导和经济日报出版社的同志不约而同地联系我，希望修订再版 17 年前抗击非典时出版的那本《勇敢战士——钟南山传奇》。他们说想在抗击疫情的关键时刻，向社会传递正能量，学习南山风格，共克时艰。他们还有一个想法，希望通过这本书的再版，让没有经历过当年SARS疫情的广大中小学生知道钟南山，学习钟南山。他们这一代人是国家的未来，如果他们都能学习南山风格，成为栋梁之材，我们国家的将来就会建设得更加美好。我被他们这种高尚的职业情怀深深地打动了。这使我想起了当年写《勇敢战士——钟南山传奇》时的情形以及在钟院士领导下工作的点滴往事。

我在广州医学院（现为广州医科大学）宣传部工作时，组织过一个名为“医学生应该成为什么样的人”的主题教育活动，师生们大量的来稿和发言，都不约而同提到了敬爱的钟院士：钟院士不就是我们身边现成的典范吗？如果医学生将来都能成为像钟院士这样的医生，我们的医学教育就成功了。这次教育活动促成了一个计划：发动宣传部同志们一起搜集资料，准备出版一本“向钟院士学习”的主题教育读本。2003年，“非典”疫情袭来，钟院士一句“把最危重的非典病人集中收治到我们这里”，掷地有声。67岁的他挺身而出抗击疫情的事迹广为传播，我们应时将已经整理好的资料编辑成书。书名是受到当时卫生学校的学生送给钟院士的一个牌匾的启发，这个牌匾上用一朵朵的小花组成四个大字：“勇敢战士”，旁边还有两行小字“医院是战场，作为战士，我们不冲上去谁上去？——钟南山”。那一年，广州日报和国内很多报纸以及人民日报海外版还开辟专栏连载了这本书。“南山风格”在广大读者中产生了广泛而积极的影响。

钟院士常说：“一个人不仅要生活在现实中，还要生活在理想中。”20世纪90年代初，他到学校任党政一把手时，提出要认真学习弘扬老一辈广医人在建校初期艰苦创业的精神，他说：“一个单位一定要有其特有的精神来引领，我们广医不是名校，我们要承认落后，但不甘落后，脚踏实地，创出特色。”在他的主持下学校总结出了“艰苦奋斗，脚踏实地，开拓进取”12字的广医人精神。虽然语句很朴实，但聚焦了广医人的精神特质，师生员工都很认同。

1996年2月，钟南山当选中国工程院院士，是广东省医药界获此荣誉的第一人。消息传来，整个校园都沸腾了，师生员工们都为此感到特别的振奋和自豪。学校号召大家向他学习。那么怎么总结“南山风格”？最初是用“无私、奉献、拼搏、实干”这8个字。后来钟院士将其调整为：奉献、开拓、钻研、合群。我曾建议是否将“合群”一词换成“团结”？他解释说：“团结往往是对一个团体的要求，而合群则是对个人的要求。这里边有两层含义，一是一个人若作为骨干，要能融入一个集体之中，与大家合作共事；二是一个人若作为领导者，要善于带领一个团队工作。有的人很有才干，但不合群，结果很难做出成绩，在当今社会如果离开了集体的力量你将一事无成。”

钟院士非常重视教学工作，现今84岁的他一直坚持为本科生上课。为尝试新的教育模式，学校开办医学教育试验班并以他的名字命名，他欣然同意。在2011年南山班的开班典礼上我做了发言，希望入选的32名同学一定要珍惜这个宝贵机会。我说：“当初以钟院士的名字命名办这个班，学校还是有过犹豫的，因为钟院士已功成名就，如果不成功，会影响到他的声望。”钟院士在致辞中回应说：“刚才东海说我已功成名就，是夸奖我了。我从来都没有认为自己已功成名就，我觉得我的目标还没有实现，要做的事还很多，还要不断学习，继续努力。”他要求同学们要学本事，学做人，做老实人，同时还要锻炼好身体。他以当年刚去世的苹果公司创始人乔布斯为例，遗憾地说：“如果他有健康的体魄，可能会有更多的发明创造。”南山班后来扩大为南山学院，创办至今已整整10年。

高校要提高办学水平，开展国际合作必不可少。在钟院士亲自牵线下，我们学校与他曾留学的爱丁堡大学建立了校际合作关系。2013年12月，两校合作在爱丁堡大学举办第三届广州爱丁堡医学教育论坛，这是学校首次在国外联合举办学术会议，前两次是在广州举办的。筹委会特别邀请钟院士做题为“中国的医学教育”的大会主旨演讲。当时我想钟院士在医科院校工作了50多年，这个题目对他来说应该是手到擒来，不需要刻意准备的。没想到钟院士非常认真地准备，引用的文件要查到出处，引用的数字要核实准确，因是英文发言，一些术语的英文表述反复斟酌，几经修改，在出发的前一天我总算协助他做好了演讲的PPT。第二天我们上了飞机刚坐下，他就拿出笔记本电脑对我说，“东海，咱们再过一遍PPT。”

我被院士这种一丝不苟的精神深深地感动了，后来我也在飞机上将自己发言的 PPT 过了一遍。荀子说："敬始而慎终，终始若一，是君子之道。"钟院士这种每临大事有静气的行事风格，让我相信：能做大事的人，正是那些认认真真地做好相关的每一个细节的人。

钟院士对工作的高要求是出了名的，但在生活上又很朴素、简单，超出一般人的想象。他家在学校越秀校区的教工宿舍楼内，房子不大，套内面积约 120 平方。前些年因出版一本关于他的画册需要照片，他带着我在他家卧室、小书房和后来改成健身用的小客房的书桌里和衣柜的抽屉里找影集，我看到他家里没有一件时髦的家具，放在客厅里的电视柜也是 20 世纪 80 年代的那种合成夹板材料的。记得有一年科技部一位领导到广州开会，顺便来看望钟院士。那时他家的那栋楼还没有加装电梯。这位领导后来说："真没想到啊，钟院士的家这么小，这么朴素！"一位跟钟院士一起工作了几十年的医生说："钟院士这个人从来不讲究享受，他一心想的就是工作、工作、工作。"

2016 年 10 月 20 日是钟南山院士 80 岁生日，学校让我牵头组织庆贺活动。我们征求钟院士意见时，他说："不要搞什么庆生活动，大家都很忙，我们小范围搞一个座谈会，大家互相交流交流就可以了。"后来我们开了一个"钟南山院士从医六十年"的座谈会。会上大家发言踊跃，气氛热烈。钟院士的讲话还是他一贯的作风，非常谦虚。他说："这些年来如果说能取得一点进步，那也是和大家一起干，靠大家的支持，如果单凭个人之力，是什么也做不成的……"他还风趣地说："我现在是'80 后'，更年轻了，应该更加努力工作才是。"钟院士的夫人李少芬女士的发言把大家都逗笑了，她说："回想当年，还是我找了关系将钟南山调回广州来的。"这时有人说，我们要感谢李姨，钟院士是广州医科大学的骄傲！有人接着说，钟院士是广州的骄傲！又有人说，钟院士是广东的骄傲！北京 301 医院来参会的专家这时发言说："钟院士是我们呼吸界的旗帜，是中国的骄傲！"一位在医药公司工作的外国专家这时站了起来，激动地说："当年钟院士找到办法制服了肆虐全球几十个国家的 SARS，他应该属于这个世界！”话音刚落，掌声雷动！那天的座谈会是在学校越秀校区的多功能礼堂开的，我们用会议桌摆了一个长方形的小会场，可以坐 100 多人，没有对外发书面通知。但消息不胫而走，各地各界来参会的人越来越多，到最后可容纳 600 人的礼堂被挤得满满的。我知道，大家都想听听钟院士的讲话，更想一睹这位 80 岁了还在为中国的医学事业顽强拼搏的科学家的风采！

那天的会议是我主持的。我当时还写了一副对联作为座谈会背景板的底字，上联是，大医无疆风雨六秩惠泽天下；下联是，厚德载物春秋八十誉满神州；横批：南山劲松。

有人问过我两个问题：你怎么那么快就写出一本书来？你对钟院士怎么评价？

其实，这本书的作者虽然挂了我的名，但真正的作者不是我。真正的作者有两个：一个是钟南山院士本人！他自己那丰富多彩跌宕起伏的传奇人生，不管是谁来写、谁来说都会生动感人；另一个作者则是一群人，是那些为了讲好钟院士的故事，为本书提供和搜集整理资料的同事、朋友、学生和出版社的编辑们，是他们做了大量默默无闻的工作，而我只不过是将钟院士的事迹串了起来，仅此而已。随着我对院士的深入了解，除了南山风格 8 个字——“奉献、开拓、钻研、合群”，还可以用以下 12 个字来评价我心目中的钟院士：有本事、讲真话、敢担当、医天下。

我要感谢中共广州市委宣传部对本书出版工作的鼎力支持，在抗击新冠疫情的非常时刻，他们与经济日报出版社深度合作，以敏锐的政治眼光，及时地宣传以钟南山院士为代表的抗疫先进模范人物，凝聚时代力量，弘扬南山风格，引导形成清洁的社会舆论声势和精神氛围。

我也要感谢我的老同学、老朋友著名媒体人秦朔老师。没有他 17 年前亲自策划就没有《勇敢战士——钟南山传奇》一书的面世；没有他 17 年后的及时建议和参与策划就没有这本书的问世。

我还要感谢经济日报出版社，是他们以出版人的敏锐和情怀，在 2003 年抗击非典的决胜时刻出版了全国第一本写钟南山事迹的书，又是他们在 2020 年抗击新冠疫情一个多月的关键时刻与中共广州市委宣传部联手将这本书修订，并以《还是钟南山》为名出版。

南山风格，大医典范。我想广大读者朋友想知道的，不仅仅是本书里的故事，还有书名、书里和书外所引发的思考。

魏东海

2020 年 2 月 28 日于广州流花湖畔

图书在版编目（CIP）数据

还是钟南山／魏东海著．-- 北京：经济日报出版社，2020.4（2020.10 重印）
ISBN 978-7-5196-0670-1

Ⅰ．①还… Ⅱ．①魏… Ⅲ．①钟南山-生平事迹 Ⅳ．①K826.2

中国版本图书馆 CIP 数据核字（2020）第 061663 号

还是钟南山

作　　者	魏东海
责任编辑	黄芳芳　高　远　周　璠
校　　对	薛银涛
出版发行	经济日报出版社
地　　址	北京市西城区白纸坊东街 2 号 A 座综合楼 710（邮政编码：100054）
电　　话	010-63567684（总编室）
	010-63584556（财经编辑部）
	010-63567687（企业与企业家史编辑部）
	010-63567683（经济与管理学术编辑部）
	010-63538621　63567692（发行部）
网　　址	www.edpbook.com.cn
E-mail	edpbook@126.com
经　　销	全国新华书店
印　　刷	北京文昌阁彩色印刷有限责任公司
开　　本	710×1000 mm　1/16
印　　张	15
字　　数	215 千字
版　　次	2020 年 4 月第 1 版
印　　次	2020 年 10 月第 4 次印刷
书　　号	ISBN　978-7-5196-0670-1
定　　价	48.00 元